藍學堂

學習・奇趣・輕鬆讀

大 國 博 弈 下 C E O 的 必 修 課

黃志芳、李侔斯

著

變局中的抉擇

THE CHOICES
AMID GREAT CHANGES

CEO應對大國博弈、經濟鉅變、革命性科技三重挑戰，
強化企業營運韌性的指南

兩位 James 希望感謝

我們的家人

商業周刊

林雲、勝宗

與所有協助我們的人

目錄
CONTENTS

第一篇

地緣政治篇：脫韁野馬

第二篇

總體經濟篇：如臨危崖

推薦序

走出一條新路的台灣超級CEO

郭奕伶（商周集團執行長）

當 A 角色演不下去、A 計畫不再行得通時，該怎麼進化自己的角色、提出 B 計畫？

這是台灣企業和 CEO 正在面臨的問題。

在過去幾十年的全球化時代，台灣 CEO 們從小島出發，採取在台灣接單、中國生產、美國銷售的三角貿易模式，成為指揮全球供應鏈的關鍵角色，享受了自由貿易的紅利。這時候的台灣，夾在中美之間當個「小透明」，CEO 們默默經營、保持低調、遠離政治風險，「悶聲發大財」是最安全的生存之道。

隨著美中衝突成為世界的新常態，地緣政治風險升溫，全球化逆轉，原有的供應鏈被逐一打破，全球供應鏈以前所未有的速度分散並重新組織。

美國製造、日本製造、德國製造等政策陸續祭出，對台灣企業構成了巨大的挑戰。當區域壁壘林立，台灣 CEO 們安於「小透明」角色的作法走到了十字路口。

不只是地緣政治風險，全球經濟展望衰退、AI 狂潮來襲，我們來到歷史的重大轉折點，一個新時代的來臨。兩位作者很用心地分析其中的脈絡，希望呈現這個動盪時代的風貌，在大國博弈下，企業家們應該如何自保，如何利用時機脫穎而出。

CEO 們要應對從四面八方來的各種變動因素，必須拿出 B 計畫，找到新的路。

外貿協會黃志芳董事長，此時拿著醞釀已久的《變局中的抉擇》出版計畫來商周。幾次近身觀察，我從他身上看到找新路的力量。

他曾是外交部長，也曾處失業低潮，經過企業界歷練後出掌貿協至今。黃董事長自己的職涯轉型，正像是 CEO 們的角色轉型、營運轉型一般，在艱難的環境中蛻變出新的價值。

「失業，就是我最好的養分。」他曾分享這些年的心路歷程。失業，是磨練出新專業的契機。對 CEO 而言，地緣政治、總體經濟與新科技三重挑戰，何嘗不是轉骨重生的機遇？

這本貿協黃董事長和李牟斯顧問的新書，就是給現在的台灣 CEO 找新路的一則指引。他們也不忘初心，提出台灣經濟升級的建議，我們的社會也應該有跳脫傳統框架的思維。

CEO 們需要加緊補修功課，開拓新的生產據點、導入 AI 思維與技術，幫助自己、企業，甚至台灣整體升級。

正如書中所寫的：「在這樣的時代，每個企業家的思維和決策出發點不只是要把內部的經營管理、外部的客戶及供應鏈

關係做好而已，還要提高到堪比國家領導人、外交部長、經濟部長、財政部長、科技部長的層次才行，這是一個超級 CEO 的時代。」CEO 要從過去的歷史脈絡開始，了解商業世界的規則正快速改變，從過去只懂做生意的「小透明」，變身為因應內外部多重挑戰的超級 CEO。

不故步自封、永遠探索未知、做更大的想像，這是黃董事長的人與書給我最深刻的心得。

序

為台灣傑出的企業家，及我們的下一代

企業家是社會前進最重要的動力。
——熊彼得的創新理論

　　狄更斯在他的名著《雙城記》開頭的第一段話說：「那是最好的時代，那是最壞的時代……我們都會走向天堂，我們都會走向另一端。」這段話在兩百多年後的今天讀來特別貼切。

　　過去三年，世界歷經了戰爭、瘟疫、通膨、衰退、擴表、升息、能源危機、極端氣候，好萊塢電影情節般的天災，以及美中兩大強權全面的對抗，我們好像搭上了雲霄飛車，而且還沒來到最驚險刺激的一段。我們也看到了人類科技大爆炸（Big Bang）的出現，人工智慧（AI）將重新定義人類文明的所有一切，包括我們將來會成為什麼樣的物種，這宛如普羅米修斯（Prometheus）向天神盜火，開啟了人類文明的繁榮，也把人類帶向不可知的境地。

　　對習慣於冷戰後近四十年平穩時日的人們，數不勝數的劇烈變化迎面而來，就像打開了潘朵拉的盒子，災禍盡出，很難適應。人類面對變局時，大都會一廂情願地希望只是短暫的現

象，大家可以很快再回到美好的從前。但是歷史的巨輪從來不會回頭，看清時勢所趨，作好準備，迎向未來的挑戰，才是智者應有的作為。

兩位詹姆士（James）幾年前在這大變局開始之際，因偶然的機緣而結識，基於共同的興趣和對國家社會的關心，兩人開始了長達三年多對地緣政治、總體經濟及新科技的對話與思辨。黃志芳 James Huang（JH）是外交官出身，在不同的公部門及數家民間企業服務過，這幾年在貿協更是時時與台灣的企業在全球併肩作戰，緊密連結全球科技與經濟脈動，行銷台灣。李犖斯 James Lee（JL）於美國及香港的外資機構負責過核心的操作，熟悉全球資本市場運作，並有一套運用公開資訊架構出局勢的方法。

這段期間，我們注意到大國間的博弈已經超越以往的範疇，而且在有系統的建構新的攻防體系，特別是當大國除了外交，也把財政與貨幣政策當作地緣政治的博弈工具，同時進行資源、能源、產業與科技的攻防，全世界變成了一盤棋。且當我們將這些不同面向結合起來看，棋盤其實並不是平面的，大國之間進行的是 3D 的立體博弈，一場無影無形的超限戰＊。除非長期觀察及系統化研究，僅憑日常國際媒體的報導很難看出端倪。我們稱之為「三體」現象。

＊　編按：超限戰為超越傳統軍事戰爭手段及範圍的新型戰爭形式，詳見第三章。

　　《三體》† 是 2008 年中國出版的科幻小說，描述外太空某個文明存在三個運行軌跡飄忽不定的恆星間，三個太陽忽遠忽近，對生活構成極其嚴苛的挑戰。物理學中，當三個物體彼此牽引，其行跡是無法預測的。我們所處的時代，地緣政治、總體經濟、新科技宛如三顆飄忽不定的恆星，彼此糾纏，而且同時達到各自的臨界點，非有大變動不可。

　　1970 年代以來累積的「地緣政治」矛盾，終以美中新冷戰以及俄烏與以哈的熱戰呈現，而美中二十一世紀的霸權爭奪戰，是從現在至未來二、三十年所有國家、企業與個人都需面對的現實。

　　同時，各國政府為了應付當下的金融與疫情危機，採取愈來愈極端的干預政策，過去四十多年維持國際經貿與貨幣金融秩序的結構，已經達到支撐的極限，我們來到了「總體經濟」的斷崖前。而當貿易、產業、能源與貨幣都成為大國博弈的工具，企業面臨的更將是極度不確定的環境。

　　經濟學大師熊彼得（Joseph Schumpeter）提出的「破壞式創新」‡，在幾個革命性新科技出現後全面加速，促進產業與國家大洗牌，AI 更是人類歷史上標準的典範轉移。然而這前

---

† 　編按：《三體》為中國作家劉慈欣自2006年開始連載的長篇科幻小說，由《三體》（2008年出版）、《三體II：黑暗森林》（2008年出版）及《三體III：死神永生》（2010年出版）三部曲組成。《三體》於2015年獲得頂尖科幻小說獎項雨果獎殊榮。

‡ 　經濟學家熊彼得在《經濟景氣循環理論》（*Throey of Economic Development*）一書中，提出創新及創造性破壞與經濟景氣的關聯性，認為企業家的創新能力是帶動經濟繁榮的重要因素。

所未見的智能存在是否像狄更斯所言，帶我們走向天堂，也會
走向地獄？

我們也觀察到如地緣政治陣營的分野、財經政策的邏輯，
以至於新科技如 AI 的發展方向，都已超越傳統教科書規則與
意識形態的框架，更大部分是受到國家利益與三體變因的驅
使，局勢因此變得更錯綜複雜。這些問題不只挑戰國家領導
人，也影響著企業，過去四十年 CEO 們習慣在平穩環境中經
商，但為了適應這樣一個變幻莫測的三體世界，就需要快速轉
換思維，了解新的運作邏輯，以更現實的角度判斷趨勢。

顯然，在這樣的時代，每個企業家的思維和決策出發點不
只是要把內部的經營管理、外部的客戶及供應鏈關係做好而
已，還要提高到堪比國家領導人、外交部長、經濟部長、財政
部長、科技部長的層次才行，這是一個超級 CEO 的時代。本
書集結兩位 James 三年多來在幾乎每日的腦力激盪與思辨中，
累積下來的觀察與建議，希望可以幫台灣的 CEO 們快速了解
這個時代地緣政治、總體經濟和新科技的特性，並一起來因
應。因此，「在三體世界打造韌性與護城河」，是我們在本書
不斷強調的主軸。

就像狄更斯所說的，現在也是最好的時代。當世界走到百
年未有的大變局，也同時賦予台灣百年難得一見的契機。台灣
一躍成為全球的關鍵角色，不論是在地緣政治、科技產業、全
球供應鏈，台灣從來不曾如此受到世界重視。台灣有事，不只
是鄰邦有事，全世界都有事。台灣可以說是一國繫天下安危，
這是我們從來不曾擁有過的籌碼，如何運用，在在考驗我們的

智慧。

另外，當傳統的全球化消退，屬於台灣的新全球化才剛要起步。我們必須善用時勢，從過去單純依賴貿易順差的經濟體，轉型成為全球韌性供應鏈及產業合作中最強、也最值得信任的夥伴，藉著全球布局，主動掌控話語權，讓台灣的影響力無所不在。

AI 時代提前來臨更為台灣提供了絕佳的機會，少了台灣資通訊、半導體產業的支持，AI 時代無從實現。台灣的 AI 先行者林百里先生曾說，因為 AI 時代全面到來，未來的世界太精采了，他要再工作 20 年才退休。這是多麼令人興奮且值得效法的精神！因為 AI，我們進入了「算力即國力」的後摩爾定律時代 *，而世界的算力絕大部分來自於台灣的頂尖企業，三體時代為台灣提供了絕佳的契機和舞台，未來的國家領袖及 CEO 們，請務必抓住這個機遇，seize the moment ！

兩位 James 都是經濟學大師熊彼得「創新理論」的崇拜者。

JH 出身中小企業家庭，在不同的民間企業歷練過，目前的工作又時刻與台灣最優秀的企業家一起切磋打拚，親身見證

---

* 編按：「摩爾定律」（Moore's law）為英特爾共同創辦人摩爾（Golden Moore）發表的假說，指一個尺寸相同的晶片上可容納的電晶體數目，每隔兩年會加倍，亦即電腦算力呈指數型成長。然而，由於傳統的摩爾定律遇到物理極限，半導體業進入「後摩爾定律時代」（Beyond CMOS），業界無不致力以新材料及先進封裝技術來達到體積縮小、算力持續成長的目標。

台灣企業家的創新活力。JL 在研究全球企業的經歷中，看到企業家靠著靈感與奮鬥，從無到有地開創新天地。我們深信企業家是推動社會進步最大的動力，他們透過創新，推動經濟成長、社會進步，不僅提供有才華的年輕人表現的舞台，也照顧無數家庭的生計。他們的創新產品及技術，行銷全球，提升了台灣的國家形象。所以我們用這本書向台灣傑出的企業家們致敬，希望對你們有所幫助。

兩位 James 也都持續見證我們下一代的成長。

年長的 JH 的子女都達就業年齡，與時下年輕人一樣面臨對未來生活與工作的壓力，這本書描繪我們初窺的三體世界草圖，讓即將成為社會生力軍的「Z 世代」在開拓新世界時有個參考；年輕的 JL 有兩個寶寶，他們的生活將人機共存、虛實不分，面對的是人類史上最獨特的課題，這本書記錄舊世界蛻變前的事蹟，期許生在 2013 年後的「阿爾法（α）世代」，在長大後探索新人類的意義及出路時有所依據。我們在〈台灣篇〉拋磚引玉，提出提升台灣經濟的建議，為下一代打造新的舞台。JH 與 JL 的共同心願是讓這個國家未來更美好，讓下一代可以生活在一個充滿可能性的環境，並以自己的國家為榮。這本書也是獻給我們的下一代。

導讀

三個太陽的世界

「這是百年變局之一部分，我們共同來推動。」
——中國國家主席習近平向俄國總統普丁說道
（2023年3月21日）

2023 年 8 月上旬，卡努颱風在侵襲琉球後往台灣北部及中國東南沿海前進時，忽然大迴轉，再度回頭襲擊琉球後北上日本，被當地媒體封為「第一怪颱」。世界各國的預測機構對卡努路徑的預測全部失誤，原因是平常颱風如果只受一個太平洋高壓的影響，路徑相對容易預測。但卡努卻同時受到「三個」高壓的影響，怪異的路徑，讓大家都傻眼了。

近年十分轟動而且改編成動漫及電影的星際科幻小說《三體》，描述外太空高等文明三體人為求生存入侵地球的故事。三體人的星球處在三顆軌跡難以預測的恆星間，就像被三個忽遠忽近的太陽包圍，極度的酷寒或毀滅性的炎熱隨機發生，三體文明就是在這極其嚴苛環境的淬鍊中誕生。

自冷戰尾聲至疫情前，受惠於全球化與和平紅利，我們生活在一個運作穩定、有規律的環境中，享受了四十多年相對平穩的時光。其間地緣地治、總體經濟及科技或有波動，但都是

漸進式的改變，也不太影響彼此的軌跡，也都不足以造成整體
局勢突然的劇變。然而一群鐵鏽帶*工人的選票、一場半世紀
少見的通膨，加上影響力如核子彈一般的新科技——AI，似乎
告訴我們世界從此不同了。

　　2016 年，因全球化而沒落的鐵鏽帶選民將川普送進白
宮，導致中美衝突白熱化、而後新冠疫情、俄烏戰爭與以哈衝
突、停滯性通膨與能源危機，急速擴表後又縮表等挑戰接連到
來，世界不再是平†的。地緣政治、總體經濟、新科技就如圍
繞人類的三顆飄忽不定的恆星，讓我們進入了充滿不確定性的
「三體世界」，並為 CEO 帶來前所未見的考驗。

二十一世紀的三個太陽：
地緣政治、總體經濟、新科技

第一恆星：地緣政治

　　過去 40 多年來就只有一顆超巨星‡——美國，其他國家像
是繞著美國轉的行星。但進入二十一世紀後，新形成的恆星中
國愈來愈熾熱，形成兩強相爭格局。近來俄烏戰爭則讓局面變

---

*　編按：鐵鏽帶（Rust Belt），指美國工業區「鋼鐵帶」（Steel Belt）因全球
　　化而衰落（生鏽）。

†　編按：《世界是平的》（*The World Is Flat*）是《紐約時報》專欄作家佛里曼
　　（Thomas Friedman）在2005年出版的暢銷書，分析了二十一世紀初期全
　　球化的過程。

‡　編按：超巨星（Supergiant）是質量、體積最大，且光度最亮的恆星。

得更複雜，中俄聯手形成陸權§集團，與美國為首的海權集團抗衡，引發美國強烈危機感，欲以停止全球化為代價阻止中國崛起，世界各地的人事物因而開始「大分化」，在兩大陣營的引力拉鋸之下一分為二。

在《三體》中，宇宙中最大的禁忌是對其他文明發送訊息，暴露自己所在座標，很可能招致外來文明入侵，甚至被滅絕，這和科學家霍金的警告雷同。中國在國力壯大後，頻頻向國際社會宣揚「中國夢」，美國不可能充耳不聞，更不會坐視不管。因為兩方都有非贏不可的原因，**二十一世紀未來的20年，將是美中全面的新冷戰時代**，成為世界局勢的主軸。而貿易、貨幣、產業，能源，與科技面的 AI、元宇宙、區塊鏈都是這兩強「超限戰」的新戰場，攻守激烈不亞於傳統熱戰，國際趨勢詭譎莫測。

歷史上這種國際霸權爭奪多半以零和告終，中國領導人早該看一看《三體》這本 2006 年開始連載的中國科幻小說，引以為鑑。

第二恆星：總體經濟

惡性通膨曾發生於一戰後的德國威瑪共和時期，法國大革命則因貧富懸殊而起。歷史上，這兩個代表總體經濟失衡的病徵，在 40 幾年的全球大平穩時期後同時再度出現，猶如天象

---

§　編按：陸權國指以擴張在歐亞大陸影響力為國力核心的國家，相對地，海權國是透過海洋在全球投射經濟與軍事影響力的國家。

預言著動盪即將到來。

　　為了維持全球化大平穩時代的低利率、低通膨、低成本常態，過去 40 多年，每每碰上金融危機，各國政府在貨幣及財政政策面下的藥就一次比一次重＊，積藥成毒，導致國際總體經濟壓力爆表，債務利率與股債估值被推上歷史高峰。三體世界中，高利率、強美元、高壁壘如影隨行，經濟猶如膨脹過度而隨時會被自己重量壓垮的紅巨星†。在這張力最大的時刻，如雙面刃般的央行數位貨幣，可能是穩定金融系統的新科技，也可能是地緣政治中的特洛伊木馬。

　　國際金融從 1944 年布列敦森林金本位體系，演變到 1973 年至今的石油美元‡體系，遊戲規則都是以美國為經濟體系共主制定的，美元系統則成為制裁敵人的常用武器。但自 2014 年起的俄烏衝突§，俄國面臨多國強力制裁仍能存活，加上中國推動人民幣計價交易及增加黃金儲備，顯示中俄與盟友們早開始建立強韌的經濟防線，為「貨幣戰」做準備。

　　1970 年代以來維持國際經貿秩序，東亞生產、美國埋單

＊　編按：金融危機發生時，央行會以量化寬鬆政策，調降利率將資金注入金融市場；政府則會擴大財政支出以振興經濟，詳見第七章。

†　紅巨星（red giant）是恆星的演化的後期階段。

‡　編按：由於美元是石油最主要的計價單位及結算貨幣，石油在美元放棄金本位後成為支撐美元價值的重要機制，因此叫做石油美元（Petro-dollar），是如今全球經貿及金融市場得以運作的重要基礎，詳見第七章。

§　編按：俄羅斯於2014年2月占領克里米亞並引爆頓巴斯戰爭，2022年並對烏克蘭開戰。

的「特里芬結構」，也在地緣政治的影響下變質，貿易順差突破新高之際，中俄卻沒拿賺來的美元去支持美債，美國看到全球化被對手利用，而自己拿到的好處愈來愈少，為了國家安全，也必須不顧成本地推動在地生產，重建工業產能與供應鏈韌性。總體經濟與地緣政治兩顆恆星相互牽引，日月星辰不安於位，三體世界中的經商環境瀰漫不確定性。

第三恆星：新科技

亂世創造了新科技，新科技也創造了亂世。就如二次大戰出現的原子彈、電腦、飛彈與噴射機，近年來 AI、元宇宙與比特網絡等曠世科技迅猛發展，同時帶來難以預估的機會及隱憂。新的科技落差已經出現，舊的貧富差距卻未能解決，為未來社會增添龐大變數。

其中，AI 對於這個三體世界、甚至人類命運的影響將尤其深遠。

¶ 東亞出口產品，美國出口美元，貿易順差再回流到美債，是70年代以來互惠互利的國際經貿機制，我們稱之為「特里芬結構」，詳見第八章。「特里芬結構」是受「特里芬兩難」（Triffin dilemma）影響而出現的國際經貿機制。當一個國家的貨幣同時作為國際儲備貨幣時，有可能造成國內短期經濟目標和國際長期經濟目標的利益衝突。這矛盾最早是由比利時裔美國經濟學家羅伯特・特里芬在1960年代提出。他預測當一個國家的貨幣同時作為國際儲備貨幣時，有可能造成國內短期經濟目標和國際長期經濟目標的利益衝突，例如當外國想持有該國貨幣，也就是全球儲備貨幣時，該國必須願意提供額外貨幣供給，輸出於全球，以滿足世界對於這個「儲備貨幣」的需求，從而導致貿易赤字。

　　毫無疑問，已經有部分 AI 突破了「圖靈界線」*，達到難以分辨 AI 與人的境界，這顆科技新星將大幅改變人類生活型態與經濟模式，而 AI 超人類的分析判斷能力，將讓它成為未來地緣政治兵家必爭之地。AI 將改寫人類的社會規則，重新詮釋我們所認知的宇宙，並改變身為人類的意義，**是集最大破壞力與可能性於一身的大爆炸（Big Bang）。**

　　小說中三體文明入侵地球前，先派出尖兵剷除地球上所有頂尖科學家。而在現實世界中，美國發動對中國的科技大戰時，先針對晶片與人才兩大關鍵採取堅壁清野策略，就是因為科技這顆恆星引力足以改變經濟與地緣政治上的戰略平衡。

籠罩於全世界的引力

　　對習慣於大平穩時代的我們而言，政經科技趨勢只是媒體上的報導或電影中的劇情，對生活與工作影響不大。然而這些巨大的壓力互相摩擦推擠，累積到一個臨界點，就一定會發生大地震，震波將我們從平穩的地球拋入「三體世界」。

　　地緣政治、總體經濟與新科技相互交織成陌生艱鉅的考驗，衝擊與機遇接連而來，就如三體人無法預測三個太陽的運行軌道，人類的世界將更加變幻莫測。**每個國家、每家企業，甚至每個人，都會被籠罩在這巨大引力的影響之下，無法置身**

---

* 　編按：艾倫・圖靈（Alan Mathison Turing）於1950年提出圖靈測試（Turing test），用以檢驗機器表現出的智慧是否已與人類無法辨別。

事外，只能共同面對。

　　面對這些看似突如其來的變故，有人會說，以往的戰爭不都是地緣政治、總體經濟、科技的綜合對抗嗎？沒錯，就如一戰的德國和國共內戰時的國民政府，都是先敗於惡性通膨；二戰時美國搶先做成原子彈，提前結束太平洋戰爭；英國則有圖靈率領的團隊造出第一台電腦，破解德軍當時最難的加密通訊系統，這些變數都協助改變戰爭的軌跡及地緣政治的局勢。

　　無常的三體世界，才是人類千古以來的正常世界，而過去四十多年的大平穩時代，雖然是我們這幾代所習慣的狀態，實際上卻是歷史上曇花一現的反常。

獨特的三體世界

　　「這次不一樣」†是投資界公認最危險的一句話，但是這次的確跟過去動盪時代「不一樣」。金融與武力獨霸全球的美國碰上了充滿謀略並具有相當實力的中國，沒人知道最後鹿死誰手。四十年來的經濟與貨幣政策狂飆到了數學與歷史的極限，過了臨界點後會突然大崩壞或進入長期蕭條？而 AI 就如同時光機，帶著人類突破時空的限制，將產業與科技的演進加速到前所未見的境界。

---

† 編按：《這次不一樣》（*This Time Is Different*）是萊茵哈特（Carmen M. Reinhart）、羅格夫（Kenneth S. Rogoff）2009 年出版的金融危機史專著，歷史證明金融危機不斷重演，人類卻樂觀的認為「這次不一樣」，金融危機不會發生。

這次不一樣，具有絕對穩定性的比特網絡資料庫已經建成；因為人類打破虛實邊界，開闢了繼哥倫布發現美洲以來，商機最大的元宇宙新大陸；因為人類有史以來第一次需要跟另一個智能——AI 共處，而我們所認知、所感受的一切都有可能會被 AI 改變！若要類比人類歷史上重要的轉折點，AI 時代就像是二戰時發明原子彈，或是人類祖先取火而進化一般吧！

更重要的是，這些看似互不相干的力量竟然相互碰撞、拉扯，影響彼此，形成了如卡努颱風一般難以預測的環境，這就是本書希望能跟 CEO 們一起探索的主軸，既有的思維與行為模式都將受到挑戰，且百年變局正急速籠罩世界，所剩的準備時間可能不多了。

就如列寧名言：「世界可以幾十年什麼都沒發生，但也可能幾個星期內什麼都發生了。」美國企圖以科技領域的制裁，阻斷中國發展。相對的，中國則早以利用「抖音」這類網路精神鴉片，不費一兵一卒地削弱對手的競爭力，甚至操控輿論與選舉。這些都是超限戰的例子。美國總統拜登也在 2023 年 11 月說道：「未來兩三年將決定未來五六十世界將變成什麼樣子。」

台灣的百年契機

小說中的三體人因生活在嚴苛不可預測的環境中，隨時有可能滅絕，所以必須竭盡所能地發展科技，打造強大的社會韌性以求生存。而相對養尊處優的地球人，在知道三體人即將入

侵後，也團結起來勵精圖治。面對百年變局，CEO們該注意什麼，如何準備？

首先必須認清，人類已經從「大平穩時代」進入「三體時代」了。從上述例子以及接下來章節的討論，我們能觀察到這幾年來許多變故背後都是由政治、經濟與科技因素疊加促成，甚至背後都有特定的意圖。而這所有的變化，都直接、間接影響著台灣；同時台灣的一舉一動，也牽動著世界的平衡，台灣比台灣人意識到的重要太多了。

地緣政治是先地緣後政治，四百年前的大航海時代就已奠定台灣的地緣戰略重要性。研究指出，台灣人在大平穩時代累積的鉅額美債*，讓我們足以影響全球金融的穩定 ❶；而在這全面資訊化的時代，套用《晶片戰爭》† 作者，克里斯・米勒所言：「算力即國力。」身為世界最大的算力產業出口國，台灣在半導體及ICT產業所扮演的關鍵角色，任何國家要數位轉型，要進入AI時代，都需要台灣。台灣對地緣政治與全球經濟的影響力從來沒像現在這麼大過。

如果「算力即國力」，那麼，台灣的國力和對世界的影響力將遠遠超乎我們的想像，但這也讓台灣懷璧其罪，必須思考

---

*　我國央行外匯存底約七成為持有美債，而保險業也持有巨額國際外債。詳見第七章。委員會紀錄（112/03/20）。立法院第10屆第7會期財政委員會第4次全體委員會議紀錄。*立法院公報*，*112*（1），19。

†　編按：《晶片戰爭》（*Chip War*）：是克里斯・米勒（Chris Miller）在2022年出版的晶片發展史專著，解析台灣在半導體產業鏈的關鍵地位以及美中對峙的現況。

我們該如何利用這「國力」來應對大環境的改變,並為台灣謀取最大福祉。台灣的企業固然深受地緣政治的影響,但地緣政治情勢也推動台灣企業躍上國際舞台,成為全球不可或缺的夥伴,扮演比以前更重要的角色。

三體時代對於其他國家也許是個百年變局,但歷史將台灣放在這地緣、總經與科技的樞紐位置,這對台灣是個百年契機。

第一篇

地緣政治篇

脫韁野馬

Source: AI 生成

序章

台灣在世界歷史中
從來不曾如此重要

「歷史上美國對手的 GDP 從來不曾達到美國的 60%。」
——美國國安會中國與台灣事務資深副主任杜如松（Rush Doshi），《長期博弈：中國取代美國的大戰略》

　　丹麥女畫家 Maria Wandel 在 2022 年的烏俄戰爭開打後，特地為台灣創作了 Rewild 系列畫作，2023 年 6 月起在貿協經營的國際會議中心貴賓室展出。其中一幅名為「地平線」的畫作（如下頁圖）特別引人注目。這幅畫裏，眼前綠色的樹籬間透出背後山雨欲來的緊張與壓力，對於曾於 1981 年在金門前線服役的 JH，特別有感觸。一張畫，勝過千言萬語。

　　台灣的策展人解釋，2022 年冬天面臨俄烏戰爭所帶來的能源短缺，Maria 想辦法應付家裏缺電和寒冷等問題同時，也與丈夫及兒子探討面對戰火，丹麥雖不是當事國，但大家卻要

Maria Wandel, Horizon, Acrylic on canvas, 120 x 100 cm

共同承擔戰爭的結果，無人能置身事外。她連想到了台灣的處境，於是為台灣創作了這一系列的畫作。

　　近年來國人出國旅遊，應該都能感受到國際友人對台灣的關心，因為台灣的未來不僅關係到我們兩千三百萬人的福祉，甚至會影響世界歷史的走向，無人能袖手旁觀。歐洲人因家門口的一場戰爭，對這樣的體悟特別深刻，看待台灣可能比台灣人自己更多一分關心，更知道台灣在這個動盪世紀的價值。

　　近年來 AI、EV（電動車）、IoT（物聯網）等科技成為主流應用，世界沒有半導體無法運作，讓台灣人興奮地認定半導

體產業就是我們的護國神山，**我們習於從半導體看自己，看世界，卻不知台灣有比半導體產業更重要的價值**；2018 年貿易戰將中美博弈搬上了檯面，更讓台灣看似成為大國角力下的棋子。但這些表面上的觀察，卻忽略了台灣一直以來都有全球難以忽視的價值。

台灣有事，不是只有周邊國家有事，全世界都無法置身事外。台灣作為一個成功的民主國家、全球科技的要角、全球供應鏈關鍵國，*加上身處第一島鏈地緣政治上的重要性，對世界的影響真的是「牽一髮動全身」、「一身繫天下安危」。

台灣本身在地緣、總經與科技的重要性，相互交織出維持和平的嚇阻能力，這是我們獨特的優勢。不必因為特定媒體幫我們貼上「全球最危險的地方」†的標籤而妄自菲薄，或感到不安。台灣在世界歷史中從不曾如此重要，我們可以更自信地從台灣的觀點與利益出發，處理所面對的問題，在這場世紀變局中為台灣爭取最好的機會。

在這嶄新的三體世界，無論是哪個國家或哪家公司，都無法免於地緣政治的影響。特別是在面對「百年變局」時，超級 CEO 們必須了解來龍去脈，才不至於隨波逐流。更重要的

---

* 例如日本90%的能源，99%的礦產進口要經過台灣沿海。Anonymous, Giguère, J. R., Kartturi, russell1200, Francis, J. (2021, March 22). Losing Taiwan means losing Japan. *The Scholar's Stage*. https://scholars-stage.org/losing-taiwan-means-losing-japan/

† 編按：英國新聞週刊《經濟學人》(*The Economist*)曾於2021年5月1日以封面故事「全球最危險的地方」來形容受中國武力威脅的台灣。

是，我們必須即時轉換觀念，以因應新局。

···　**重點回顧**　···

- 地緣政治的發動引發西方對台灣價值及地位的重視。台灣因
  地緣政治、全球經濟與科技的重要性而一身繫天下安危。
- 台灣在世界上從不曾如此重要，可以有自信地從台灣角度和
  台灣的利益出發，在世紀變局中為台灣爭取最好的機會。

第一章

大平穩時代（1980～2020）結束，
思維必須改變了

「托托，我有種預感，我們已經不在堪薩斯州了。」
──《綠野仙蹤》的桃樂絲

　　1973 年石油美元誕生，而冷戰在 1991 年蘇聯解體後結束，美國成為歷史首見的金融霸權、唯一的超級軍事強國。世界圍繞著這唯一的太陽運行，輸出全球的美元如陽光一般為經貿帶來穩定的動能，而各種外交軍事手段則如引力一般，隨時將脫鉤的國家拉回正軌，開啟了人類史上少見的大平穩時代。

　　新成立的俄羅斯為了救經濟採用極端的振盪療法，希望計畫經濟一步到位轉換成市場經濟。中國則在天安門事件後，經由鄧小平 1991 年的南巡，確立全力發展市場經濟的路線。美國也大力支持中國融入全球經濟體系，希望能藉經濟的繁榮帶來政治上的改變。

　　冷戰的結束開啟往後四十年全球化的黃金時代，地緣政治的壁壘快速消融，國際關係中的衝突大多侷限在區域層級。在總體經濟面，世界在 1970 年代成功壓制通膨後，美元成為貿易的共同語言，中國跟著日本與亞洲四小龍的腳步成為世界工廠，不間斷的提供全球廉價產品、壓低物價，形成良性循環。PC 與網路科技的興起更帶動人類另一波產業創新。

　　除了幾次區域性的衝突，1987 年伊朗危機導致股市崩盤、2000 年的網路泡沫和 2008 年的金融海嘯等幾次波動外，全球地緣政治與總體經濟大致是平穩的，各種經濟危機也都能用貨幣政策的力量成功渡過，因此通膨、利率、成本以及企業的經營障礙愈來愈低。

　　這是企業家經商獲利的黃金時代。中國經濟在此時期快速崛起，精明的台灣商人也憑著速度與彈性，搶占全球供應鏈的重要角色，累積大量的財富。台灣不僅成為全球科技、資通訊及傳統產業中關鍵零組件的生產者，也是最重要的供應鏈管理者，造就了許多規模不下於日韓大財團、大商社的企業。在這段時間，CEO 們基本上只要做好產、銷、人、發、財和客戶及供應鏈管理，照著全球化的遊戲規則進行布局、投資、生產、銷售即可。

大平穩時代的錨定效應

　　人類是慣性的動物，長期處於同一種狀態就會產生錨定效

應（anchoring effect）＊，會以過去的經驗為準，很難想像習慣範圍之外的可能性，造成思想、行為不容易改變。

人們處在大平穩時期幾十年，思維根深柢固，以致當世界變了，不只是企業家，連媒體、政治人物都還是習於用過去的觀點來看待當下發生的事，並根據過去做出決定。

大平穩時期，低利率是常態，美債成為全世界資金最安全的避風港，當進入高通膨、高利率的三體世界，台灣的保險業者卻因重押美債而淨值大虧損，有些美國與歐洲的銀行因之倒閉，各國央行帳面資產的損失更是嚴重。大平穩時期，市場需求增加，企業擴產備庫存能是常態，但是國內業者在疫情期間央行擴表造成的非常態榮景下放手衝刺，無視三體世界的不確定性，導致嚴重的庫存問題。過去這兩年有太多國內外的實例是起因於大平穩時代的錨定思維。經濟學家凱因斯曾說：「困難不在於新的觀念，而在於如何從舊觀念中脫身。」

本書開宗明義就和 CEO 們談過去的「大平穩時代」，正是希望提醒大家，在這變幻莫測的新「三體時代」，需要放下大平穩時代的決策思維，努力面對新的政治、經濟與科技環境。

一旦外在環境改變，遊戲規則就完全不同，而 CEO 們還依過去的慣性思考行動，會摔得措手不及。大平穩時期，企業經營有如在平坦的公路上騎競速車，一路往前直衝，拚的是速

＊　錨定效應是一種心理現象，描述人在評估及做決策時，會受到最熟悉的經驗影響，甚至將此做為調整的基準點，意思類似於成語「先入為主」。

度與效率。三體世界，宛如進入了山區，不但道路崎嶇起伏，路上更隨時會出現坑洞及落石。重點已經不是拚速度了，需要改騎輪胎大、緩衝足、靈活的登山越野車，隨時依地形換檔轉彎，以免翻落山崖。

中國出口產品，美國出口美元，台灣成為全球供應鏈的管理者

　　從國家的層面來看，在大平穩時代中的經營環境，中國受惠最多。中國擁有鉅量的人口紅利及後發優勢，隨著城市化與工業化，生產出來的產品源源不斷地賣到全球，經濟總量在30年（1991～2020）內成長35倍*，使其崛起成為世界第二大經濟體，步步進逼美國。中國產業的「質」，也隨著「量」的放大而改變，以汽車產業為例，二十年前半自動化的產線，到今日九成以上自動化，並用電動車彎道超車歐美日等汽車王國。

　　美國在全球化中也獲益不少。身為全球化秩序的指揮者，美國透過產業外包，印美元就能收購全球的資源與（特別是中國）生產的廉價產品，將精力放在國內科技的發展，不斷提高創新的價值，創造出奠定不同科技世代的軟硬體產品、數位平

---

*　中國GDP以現價計算，2020年為14兆8,630億美元，1991年為4,130億美元，成長了35倍。Statista. (2023, October 10). *Gross domestic product (GDP) of China 1985-2028*. https://www.statista.com/statistics/263770/gross-domestic-product-gdp-of-china/

台與商業模式。再加上美元做為全球儲備貨幣、美債為儲備資產，及聯準會做為全球總經政策制定者的優勢，†期間無論國際經濟如何起伏，美國經濟都能穩定領先全球，美國的 GDP 在同一個 30 年內成長了 2.4 倍。

台灣企業當然也是大平穩時代的獲利者，我們從早年只會做初級消費品代工的經濟體，憑著台灣人特有的民族性，搖身一變，成為高端科技產品以及關鍵零組件的生產者，也是世界供應鏈最重要的管理者。如果說猶太人是全世界最擅長做金融業的族群，台灣人就是全世界最會做製造的族群。台灣的 GDP 在同一個 30 年內成長了 2.6 倍。

台灣是一個人口不多、腹地狹小的島國，要迎戰全球化的製造任務，別無選擇只能將製造能量外擴，且大多集中在中國。2020 年中國大陸出口創匯的前十名企業中，六家來自台灣。可見大平穩時期的中國經濟不乏台灣企業的貢獻，這些台企的快速成長也得益於中國所提供具製造業競爭力的環境。

在這段期間，台灣企業的成長模式過度仰賴成本效率為先的規模經濟。相較之下，品牌、創新與網絡效應等其他的核心競爭力，乃至資本市場的操作與國際話語權的掌控等，就不是台灣企業的強項。這段期間，大企業水平代工規模不斷擴大，構成台灣 GDP 及出口的主力。台灣的大企業除內需型的金融業外，主要集中在外銷型的電子代工及傳統製造業，缺少產業與商模的多元化，不像日韓印度集團的垂直、多元化的經營模

---

† 編按：關於美元的地位，詳見第七章。

式，當橫跨地緣、總經與科技的百年變局來臨，台灣經濟的韌性就會相對不足。

大平穩埋下地緣政治的隱患

大平穩時期低利率、低通膨和低障礙的環境讓跨國大企業有如開著跑車在賽道上馳騁，地方的小公司根本趕不上。但是，當大部分的財富被這些跨國大企業和掌控全球金融的華爾街獨占，全球貧富差距的擴大就不可避免，進而引發社會動盪。

舉例來說，特里芬結構*下的美國，「出口美元」取代了「出口產品」，製造業的就業機會逐年萎縮，取而代之的是華爾街金融行業蓬勃發展，而經濟成長的果實也由從業人員轉到股東手中，中產階級的實質薪資成長大幅落後高收入戶。金融業占民間公司獲利的比重，在大平穩時代內從 10% 跳升至 30% 以上，顯示了它在美國經濟中的主導地位。同時，全球化和產業外移造成美國製造業空洞化，使得一大批中產階級跌落至貧困階級。

在這樣的背景下，川普喊出了 MAGA「讓美國再次偉大」（Make America Great Again）的競選口號，目標就是希望透過貿易戰將製造業拉回美國，試圖讓美國回到 1970 年以前，那個製造業強大且享有貿易順差的傳統工業社會。這個訴

---

* 編按：詳見第八章。

美國家庭實質收入歷年變化（以 1973 為基礎）

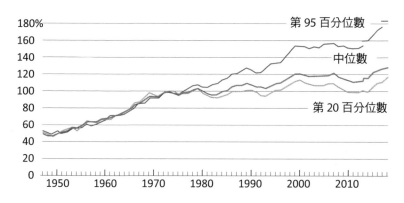

70 年代後高收入戶的收入成長大幅領先其他族群，造成貧富差距。

求馬上引起了共鳴，鐵鏽帶工人憤怒的反撲，將川普送入白宮，從此改變了世界歷史的走向。

　　這個不可逆的趨勢在川普之後，被拜登持續推進，成為全球許多國家共同的訴求。舊時代的效率和成本，早已不是考量的重點，連法國總統馬克宏也呼籲要重建國家的關鍵製造業，以減少對他國的依賴。這一系列的變化凸顯大平穩時代的後遺症，反映了全球對於經濟平衡與貧富差距的關注，同時也預示著即將到來的三體世界將會看到的種種轉變。

金融及製造業占國內企業所有利潤的比重

金融和製造業在所有國內就業中所占比重

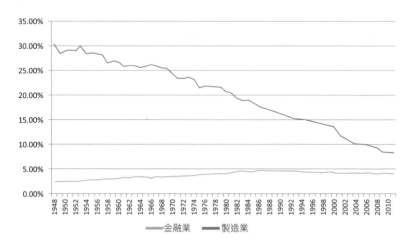

美國製造業占企業總利潤比重從二戰後的 60% 高點跌至 20%，製造業 GDP 比重從 70 年代的 25％降到 2020 年的 11.7%。製造業被「負責進出口美元」的金融業取代，但卻沒有創造出等量的就業機會，造成貧富差距的社會問題。❷

··· 重點回顧 ···

- 冷戰後美國成為全球唯一霸權，世界迎來大平穩時代。低利率、低通膨、低成本的大平穩時代。但全球化的果實大多流入大企業及資方，貧富差距擴大，埋下日後動盪的隱患。
- 台灣得利於大平穩時代，製造業水平擴充，快速成長，但缺乏多元化的營運模式，當百年變局來臨，韌性相對不足。
- 全球化掏空美國製造業引發階級反撲，改變世界歷史。大平穩的國際經貿模式不再符合美國利益，美國決心重振製造業，效率及成本已非考量重點。

第二章

新型態的冷戰降臨

「冷戰並沒有解凍，而是如致命的火焰一般燃燒著。」
——理查‧尼克森（1952）於共和黨全國委員大會

　　美國的金融霸權，中國的世界工廠，都是大平穩時代下的
產物。當這兩大國各自發展到極致，遲早會短兵相接，在各種
不同的戰線一較高下。

　　不用懷疑，不論從任何一個角度，我們都已身處於全球性
的新冷戰中了，就算短期會因國內政經因素時有緩和，CEO
們也必須了解美中兩國的霸權爭奪戰是二十一世紀的焦點，會
持續個一二十年，直到分出勝敗為止。俗話說，「商場如戰
場」，地緣政治的邏輯和商戰沒什麼兩樣。只要回想一下商場
的種種競爭，大家都不難看懂這些變化。而每一種競賽，事後
大家只會記得誰是市場的老大，從來沒有一個亞軍能歷史留
名。

　　如美國國安會中國與台灣事務資深副主任杜如松在《長期博弈》*一書中所說，中國是第一個國內生產毛額（GDP）達到美國六成的對手。事實上，中國的 GDP 早在 2014 年就已達美國的 60%，2021 年更進逼到 75.9%。這是美國過去的競爭對手，不論是一戰時的德意志帝國、二戰的德、日或冷戰時的蘇聯都未具備的實力。在歐巴馬任期的最後兩年，美國已經開始關注中國國力的崛起，川普當選後更打響美中貿易戰，進而全面檢視中國各種面向的威脅。在拜登當選之後更擴大成全面的反制，制衡中國的力道有增無減，成為兩黨的共識，**這不是任何一個總統的即興之作。**

　　商場上，市占率是兵家必爭之地，市占率第一的公司同時擁有主導定價的優勢與大部分的經濟利益，例如 iPhone 占了全球智慧手機 48% 的市場份額，卻擁有整個產業 85% 的獲利。若市占率不斷逼近的競爭對手不懂維持低調，市占率第一的公司會無所不用其極地用併購戰、價格戰、智財戰與法律戰等戰術來打擊對手，以求保持市占率優勢，因為一旦市占率被對手趕上，出現黃金交叉，就可能如受重力作用一般加速摔下，下場悽慘。

　　這是美中在二十一世紀霸權之爭的基本態勢，例如美國霸權的根本——美元，必須維持絕對的第一。歷史上的儲備貨幣只要一開始失血，人們開始對它失去信任，就會一路崩潰，根

---

*　編按：杜如松於2023年出版《長期博弈》（*The Long Game*），旨在剖析中國取代美國、稱霸世界的大戰略。

本沒有退居第二的選項。沒有了貨幣優勢，美國主導世界事務的能力也會無以為繼。對於試著推動多邊主義＊、改變美國是唯一太陽現狀的中國，這是美國絕對無法容忍，必須在新冷戰全力反制的原因。

習近平在 2017 年會晤川普時曾說：「太平洋足夠大，容得下中美兩國」，在 2023 年 11 月的 APEC 與拜登會面時更放大為「地球容得下中美兩國」。當然我們都希望這是真的，最好中美兩國能回到大平穩時代的模式和平相處，但現實上光以電動車為例，地球就已經容不下中國的產能與出口，隨之而來的跨國貿易戰與產業戰無可避免，更何況地緣政治呢？這種說法對美國就是一大刺激。

權力的本質就是排它性，如果權力可以共享，就不是權力了。國際社會本質上和一座原始叢林沒兩樣，以往不論人類如何努力，打造一戰後的「國際聯盟」及二戰後的「聯合國」，都無法改變國際關係中弱肉強食的生存法則，強權之爭就是生存之爭。不論太平洋有多寬，地球有多大，一山很難容得下二虎。

＊　編按：中國的多邊主義指的是為擺脫以西方為核心勢力的國際秩序，積極加入區域性國際組織、建立盟友、進行一帶一路計畫等戰略布局。

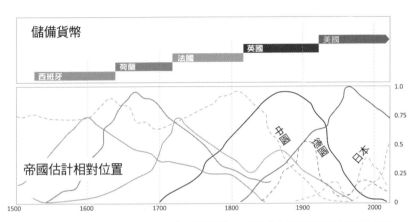

anilsaidso 改編《變化中的世界秩序：橋水基金應對國家興衰的原則》圖表

中國視角：
打造具有中國特色的平行國際秩序

　　中國又是如何看待這一場二十一世紀的「百年變局」？鴉片戰爭以來的百年國恥，深深烙印在其後每一代的中國執政者心中，也常在國際場合表露無遺。

　　2021年3月18日，美中兩國代表在阿拉斯加會談時，中方代表楊潔篪（前外長，時任中共外事辦主任）嗆美方代表國務卿布林肯及國安顧問蘇利文說：「你們沒有資格在中國的面前說，你們從實力的地位出發同中國講話，中國人是不吃這一套的⋯⋯難道我們吃洋人的苦頭還少嗎？難道我們被外國圍堵的時間還短嗎？」

　　當美中進入全面性冷戰，美國加強結盟圍堵中國的舉動，就會進一步激起中國的歷史記憶及憂患意識，讓時光仿如倒回到十九世紀末期，此種民族主義情緒只會讓這場冷戰持續更久。

　　與十九世紀的積弱不振不同的是，現在的中國在短短半世紀內就完成了西方國家耗時兩百多年的工業化過程。前半段在 1950 及 60 年代由蘇聯援助，後半段在 1979 年美中建交後、正當大平穩時期，轉由美國提供技術與出口市場協助完成。台商與港日韓歐等其它國家的外商則配合美國的產業分工政策，大舉前進中國，加速了中國經濟的現代化，躍升為世界的工廠及世界第二大經濟體。此一成就也讓中國對其體制抱持信心，習近平倡導的中國夢、中國製造 2025、一帶一路、與「人類命運共同體」等策略性概念 *，從國內開始，一路走上了國際的願景，充分展現中國的自信與企圖。

　　過去兩世紀的歷史幽魂縈繞不去，二十一世紀全球兩個最大的經濟體間的霸權之爭，宛如地平線上的兩隻巨獸互搏，驚心動魄。

　　過去兩千年來，中國的世界觀一向是「普天之下莫非王土，率土之濱莫非王臣」，將這塊土地視為世界的經濟權力核

＊　編按：中國領導人習近平在2014年慶祝中國共產黨成立95周年大會上，提出「四個自信」概念，即中國特色社會主義道路自信、理論自信、制度自信及文化自信，同年開始一帶一路等推展中國走向國際之重大措施與方針。2015年更在紀念聯合國成立70周年大會發表演說上倡議構建人類命運共同體。

心，也一直是東亞國際秩序的塑造者和維護者，但自十九世紀後，中國被迫接受由西方制定的國際秩序，並付出沉重的代價。一旦中國具備相當的實力，無不希望恢復昔日的榮光。

近年北京舉辦的一帶一路高峰會，其形式與儀節彷彿唐代四方來朝的景象重現。北京希望發揮影響力，創造與美國領導的體制並駕齊驅的新秩序，提高自己的韌性，這種企圖心不難理解。除非中國放棄這個企圖心，繼續接受美國主導的遊戲規則，做一個順從低調的老二，否則美中關係不可能像有些人所期待的、回復到大平穩時代平和的狀態。而且**這種爭鬥，通常難以在相當時間內落幕，因為權力是無法分割，也無法共享的！**

西元元年以來世界各區域 GDP 比例圖

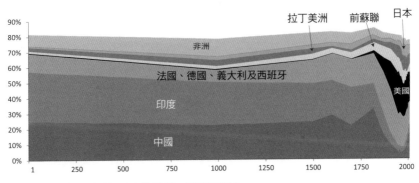

中國試著回到千年以來的常態，即東亞霸主。

美國創造出二十一世紀的利維坦（Leviathan）*

中共政權是人類歷史上非常獨特的一種存在，它結合了列寧、史達林、毛澤東式的極權專制，社會主義的意識形態，和人類社會最強大的經濟驅動力：資本主義，在二十一世紀快速崛起，成為一股令人畏懼的力量，這是冷戰時的蘇聯無法迄及的。

美國的自由派在大平穩時期主導的政策，是促成中國崛起最重要的因素。美國希望透過協助中國經濟的發展，促使它走上民主改革之路，融入美國主導的國際體制。中國在這過程中也曾配合演出，曾在 1990 年代末期舉行基層選舉試驗，讓美國決策者與政治學者一時興奮無比，然而從此沒有下文，中國的體制不但沒有改變，甚至還以中國式的治理模式自豪。在國際社會上，「北京共識」（Beijing Consensus）† 儼然成為「華盛頓共識」（Washington Consensus）‡ 之外的另一個選項。

當時在美國政策主導下，各國企業大舉進軍中國，使中國

---

* 利維坦（Leviathan）為舊約聖經中具有無比力量的神獸。英國政治哲學家霍布斯（Thomas Hobbes）出版《利維坦》，將之引伸為絕對強大並得以約束社會秩序的國家力量。

† 「北京共識」由現任季辛吉顧問公司副總裁喬舒亞·庫珀（Joshua Cooper Ramo）在 2004 年提出，描述中國的獨特政治與經濟模式，具有艱苦努力、主動創新和大膽實驗，堅決捍衛國家主權和利益以及循序漸進、積聚能量和具有不對稱力量的工具等基本概念，並成為其他開發中國家的參考。

‡ 2008 年金融風暴後，當時英國首相布朗表示「舊有華盛頓共識已終結」，凸顯「北京共識」似有替代「華盛頓共識」的可能。

The destruction of Leviathan, Gustave Doré (1832-83), H. Pisan.

「你能用魚鉤釣上利維坦嗎？能用繩子壓下牠的舌頭嗎？你能用繩索穿牠的鼻子嗎？能用鉤子穿牠的腮骨嗎？牠豈向你連連懇求，向你說溫柔的話嗎？牠豈肯與你立約，讓你拿牠永遠作奴僕嗎？」出自舊約聖經《約伯記》41:1-4，即便強大的天使都無法自信認為能馴服巨獸利維坦，更沒有任何人曾使牠屈服。

經濟飛速成長，助長中國今日的國力逼近美國。舊約聖經中的利維坦是一個有自己獨特的意識型態、價值觀，不會溫馴聽命的神獸。

中國喚醒了酣睡的巨人

2023 年 2 月有數個中國的高空氣球闖入美國領空，引起美國朝野幾近歇斯底里的反應，最後則戲劇化地以發射飛彈將氣球打下來收場。這種場景直覺讓人想到 1940 年 12 月 6 日，日本戰機飛臨珍珠港上空的情境。當時的日本海軍聯合艦隊指揮官山本五十六在突襲大獲全勝後卻說：「我擔心我們所做的一切只是喚醒了沉睡的巨人，並使他充滿可怕的決心。」

過去十年中國出台的各種政策，就像一個每隔一段時間就會在美國耳邊大響的鬧鐘一樣。無論是國家願景式的「中國夢」與「社會主義現代化強國」，產業面的「中國製造2025」、「一帶一路」，貨幣面的停買美債、囤積黃金，或軍事面的南海武裝化，以及戰狼外交等等，都犯了《三體》小說中的大忌，向全世界宣告中國的企圖心。等到美國回過神來，就發現原來超限戰已經開打多年，而自己睡過頭了。

美國得天獨厚的地理條件，讓它平時可以像個慵懶的巨人，不理俗事。然而一旦面臨強敵，往往會激發出強大潛力來反擊對手，一次、二次世界大戰時如此，冷戰與蘇聯對峙時也如此。中國近年來的種種作為，無疑喚醒了在大平穩時代因天下無大事而酣睡的巨人。當美國設定對手，全力反擊時，力道

一定是猛烈的。

對於地緣政治、總體經濟與新科技交織而成的百年變局，中國早有準備。習近平從 2017 年起不斷強調「百年未有之大變局」的概念，中共做事一向強調「調查研究」，有多少調查研究，講多少話。「百年變局」這個概念不斷的被提出，證明中共早已就此做了多方準備，不只是在軍事上，在經濟、貨幣、金融、科技、認知及意識形態等方面都已有作戰方案及戰略資源，大國博奕的棋譜不僅都已經寫好，甚至都先下了幾手了。

俄烏戰爭：地緣政治上的斷層帶

地緣政治衝突就像地震一樣，發生的原理也相似。如果立場不同的各方都不斷對彼此施加壓力，缺少舒緩的作為，就像兩個板塊暗地裡相互推擠，累積的能量超過交界處斷層帶所能支撐的限度，就會引發地震。

不論是美國南北戰爭、一次及二次世界大戰，或是 2014 年開始的俄烏衝突，歷史上的各種重大衝突都是矛盾積累到難以化解的程度後，最後訴諸戰爭做為解決手段。1991 年烏克蘭建國後，親俄派及親歐派理念不同，烏東地區是俄語人口與烏語人口的分界線，雙方的爭執難分難解，宛如地震的斷層帶被持續推擠，能量不斷累積，也不斷釋放，不管是 2014 年爆發的克里米亞事件，或 2022 年持續至今的俄烏戰爭，未來很長的時間內也難以解決。不只烏東是一條國內斷層帶，烏克蘭

的地理位置也是位於俄羅斯與歐洲兩大舊冷戰勢力交界的斷層帶上，容易因兩大政治板塊間的摩擦而爆發衝突。

　　台灣也是處於兩大強權板塊交界的斷層帶上，但兩岸除了冷戰早期在大陸沿岸有小範圍的軍事衝突外，七十多年來局勢基本上是穩定的。所謂的「地緣」政治，就是地理位置已經決定了你可以做什麼，不可以做什麼，尤其位處地緣政治斷層帶上的國家，必須十分清楚自己所處的情境。台灣自從 1990 年代民主化以後，我國歷任國家領導人對地緣政治的處理，雖仍有黨派之間的差異，但基本立場與應對上仍是**符合「可以做什麼、不可以做什麼」的命題，不會有驚人之舉，所以兩岸關係能長時間保持穩定，這是台灣與烏克蘭最大的不同。**

　　台灣除了在地緣政治上具有「一身繫天下安危」的特殊地位，我們在全球供應鏈中也扮演著舉足輕重的角色，讓任何想改變台灣現狀的勢力必須三思而後行。以半導體為例，台灣 2022 年出口到全球的半導體達 1,841 億美元，其中出口到中國大陸的高達 1,067 億美元。在算力即國力的時代，台灣有事，全球大多數國家的經濟都會受到嚴重影響，特別是中國。這種建立在經濟上的嚇阻力，是為何沒有人敢輕舉妄動，兩岸關係能長期保持動態平衡的原因之一。

　　當然沒有人能一口咬定的說，戰爭一定不會爆發。地緣經濟學家諾曼・安吉爾（Norman Angell）在 1910 年出版的《大幻想》（*The Great Illusion*）中推論，當時歐洲各國在經濟上高度依賴彼此，當合作帶來的利益大於戰爭，發生戰爭的機會也會「日益減少甚至不可能」❸，然而四年後第一次世界大戰就

爆發了。「深度經濟合作」是維持大平穩時代和平的重要力量，但在超級強權受到挑戰，星辰不安於位的三體世界就需要更多準備。

　　事實上戰爭早就開打，只是沒有煙硝味，不是一般認為的戰爭。這場戰爭的戰線完全超越了傳統的軍事定義，不僅包含了貿易戰，競爭及圍堵更擴展到科技、人才、貨幣、AI，甚至元宇宙，稱之為「超限戰」，是下章的討論重點。不戰而屈人之兵，是自古以來的上上策，也是三體世界大國博弈的重點，所以台海局勢也應該放在超限戰的框架下考量。我們也當然不能視和平為理所當然，必須持續強化各方面的韌性與嚇阻能力，才能確保長久的和平。

以哈衝突：不只是區域性衝突

　　2023 年十月爆發的以哈衝突，造成雙方無辜人民的死傷，是人類歷史一再重複的悲劇。

　　但是這次的以哈戰爭跟以往大平穩時代的以阿衝突不一樣，它在高度不穩定的三體世界打開了潘朵拉的盒子，變成政治大分化的催化劑，繼供應鏈、金融、科技等各種大分化後，促成另一種國際政治的大分化，並表現在聯合國通過呼籲停火決議案的表決結果。

　　俄烏戰爭後，經濟製裁成為重要手段，以哈衝突爆發後，支持巴勒斯坦的國家也學會同樣的招式，由民間發起抵制美國產品。2023 年底某台灣貿易公司突然被美國客戶取消了一千

六百萬美元的訂單，原因竟然是這批美國公司預定要賣到土耳其的貨品，因為土國進口商基於社會上不滿美國力挺以色列的氛圍而取消此一交易。這是典型三體時代的特性，遠在地球另一端發生的衝突，卻讓台灣企業跟著受到影響。CEO 須密切觀察的並不再是政治立場的問題，而是未來任何的衝突將如何影響政經情勢，以及對本業可能造成各種直接與間接的衝擊。

　　當美中展開世紀對決，中國積極介入中東事務，西方各國對烏克蘭戰爭備感疲憊之時，以哈衝突的蝴蝶效應很快地傳遍全球，所有大國開始另一輪新的算計，日月星辰不安於位，它的影響超出我們的想像。

··· **重點回顧** ···

- 中國在大平穩時期快速崛起，喚起美國的危機意識並觸發新冷戰，是二十一世紀最重要的地緣政治主軸，因為權力不可共享，在相當時間內難以落幕。
- 新冷戰會以各種新形式的超限戰進行，中國早有準備，而美國也會全力回擊。
- 大國的角力使得俄烏戰爭與以哈衝突更加錯綜複雜，蝴蝶效應更強烈。全球一盤棋，任何產業與市場都會受到這強大的地緣政治引力影響，CEO 必須更敏感。

第三章

超限戰比熱戰更具威力

「戰爭是政治的一種手段,戰爭本身不是目的,
而是為了達到政治目的而發動的。」
——毛澤東(1938)《中國革命戰爭的戰略問題》

　　2022 年 2 月俄烏戰爭爆發後沒多久,全世界有經營俄羅斯業務的企業都被要求表態。歐美車廠、麥當勞等紛紛結束在俄羅斯的業務,日本服飾品牌 Uniqlo 則因回應不當,股價大跌。就連台灣許多資通訊公司也被烏克蘭點名,一時之間大家都忙於危機處理。這場牽連全球企業的「超限戰」,熱度比起烏克蘭戰場上真槍實彈的熱戰竟毫不遜色。同時間網路戰、認知戰、金融戰、貿易戰與能源戰輪番上演,更是活生生的向世人展示現代超限戰之威力。這是一場沒有區分國界、軍事與非軍事的戰爭,套句俗話: Everybody in !

　　《超限戰》是中國解放軍少將喬良及空軍大校王湘穗於

1999 年所寫的著作。書中主張用一切可能的方式，無所不用其極的打敗對手。這本書出版後引起西方國家高度重視，而兩年後發生的 911 恐攻事件，更讓人將其視為先知。這個概念之所以重要，是因為一般人、甚至早期**西方政府對戰爭的理解，大都局限於傳統船堅砲利的熱戰，常會忽略超限戰其實無時無刻在發生。**

在二十一世紀美中新冷戰的架構下，超限戰的概念更具關鍵性。假若美中發生一場熱戰，對全球是毀滅性的結果，不會有贏家。美中兩國 2023 年中進行高層官員的訪問，是在為美中兩國關係螺旋式下滑設下停損點，避免將來熱戰的可能。但這並未改變美國防堵中國坐大、進而威脅美國霸權的立場，這也使超限戰成為美中雙方二十一世紀的霸權爭奪戰中，最重要的角力方式。

小說《三體》中，外星文明三體為了入侵地球，先派出了「智子」來到地球，謀害地球上的頂尖科學家，以根絕地球的科技發展。現實生活中美國對赴美求學的中國學生，特別是理工科別者關上大門；並要求在中國半導體公司工作、具有雙重國籍身份的主管二選一：是保留美國國籍或永久居留權，抑或繼續留在中國工作，企圖以科技領域的制裁，阻斷中國發展。相對的，中國則早以利用「抖音」這類網路精神鴉片，不費一兵一卒地削弱對手的競爭力，甚至操控輿論與選舉。這些都是超限戰的例子。

從古至今，每一場戰爭都是超限戰，交戰方除了運用軍事手段，都會想再加上非軍事手段例如經濟制裁、封鎖等，迫使

對方屈服。《孫子兵法》之所以被後世推崇，就因為它已經打破傳統軍事戰鬥的角度來看戰爭。以往的戰爭是以軍事為主要工具，非軍事手段為輔；現代的超限戰則是全方位的攻擊，必要時才發動人員及物資消耗最大的軍事熱戰，也就是孫子所說的：以「不戰而屈人之兵」為目標。超限戰發生的範圍愈擴大，對企業的影響也愈大。

體制的競爭、長期的博弈

　　這場冷戰除了是全面的軍事、外交、經濟、金融、科技與訊息戰外，美中兩國各自有嚴重的內部問題及甚多未爆彈需處理。中國方面，人口結構因為老化與男女不均而快速惡化，房地產的危機造成內需不振，地方的債務高築，而西方世界也在尋找世界工廠中國的替代方案。加上關鍵科技遭到制裁限制、領導接班機制被破壞，過去一再克服種種經濟難題的制度優勢如「彈性的宏觀調控」、「集中資源辦大事」，在三十年後已達其極限，可操作空間不多了，除非有超越常規的策略出現。*

　　美國的內部問題則體現在社會高度分裂、政治共識難達成及極端主義主導政治的困境。而在經濟發展方面，重金融及科技、輕製造，產業結構失衡使貧富差距擴大，美援彈藥在烏俄戰爭與以哈衝突期間顯得捉襟見肘，凸顯出工業產能不足對國安的影響。美國主導全球的貨幣金融體系，自 1944 年布列

---

* 編按：詳見〈中國篇〉

敦森林會議美元成為世界儲備貨幣，到 1971 年被迫放棄金本位，又浴火重生地改採石油美元制。但近年來聯準會在打通膨和防止金融爆雷間左右為難，政府不斷調高舉債上限就可看出，這個體系在歷經金融及疫情危機的挑戰後，似乎更靠近極限了。

一個是壓力爆表的專制體制，另一個是筋疲力竭的民主體制，各自在效率與韌性，穩定與創新，失誤機率與矯正速度，甚至長遠策略與短期思維間的取捨上，這些體制的不同，都會造成國力的差異，並左右這場長期新冷戰的結果。

不終止全球化，無法阻止中國的崛起

中國如今經濟規模直逼美國，其崛起得利於全球化，在 30 年內 GDP 成長 35 倍。如果持續大平穩時期的模式，中國一定會超越美國成為世界第一大經濟體，同時發展成科技及工業領先的世界強權。中國的出口不斷打敗國外競爭者之際，賺到的美元順差卻沒有回流至美債，還用來購買黃金增強自己的金融韌性，更將經濟資源與科技實力挹注於軍力建設。這些策略在飛輪效應下，累積為地平線上巨大風暴席捲而來，令人畏懼。

從保護主義及懲罰性的關稅，到科技制裁、重啟本土製造業政策等，2018 年後美國兩任總統川普和拜登對中國政策連番出招。這些決策除了是為重建美國關鍵的製造業預做準備，更重要的是要中止全球化的進程，因為不如此，無法阻止中國

繼續壯大。

　　雖然華爾街的金融家達利歐（Ray Dalio）、傑米・戴蒙（Jamie Dimon）、大企業老闆如特斯拉的馬斯克、輝達的黃仁勳（Jensen Huang）等，為了企業的利益都主張不可與中國經濟脫鉤，但這是一場二十一世紀霸主爭奪戰，美國不可能妥協。

　　如果本世紀中美兩國霸權之爭透過軍事手段來解決，後果就是全球文明倒退到黑暗時代，這是我們難以想像的。於是，排除軍事手段外，阻止中國崛起的唯一方法就是斬斷其成長的

美、歐對中商品貿易逆差占 GDP 的比重

國際貿易通常對進出口國雙方有益，但過度的順差與逆差就可能會造成經濟上的副作用，如貧富差距。在全球化趨勢下中國順差屢創新高，而歐美國家的經濟成長因為逆差相對地受到壓縮。

源頭，因此大平穩時代的全球化非終止不可。

美國一向是全球自由貿易的倡導者與領頭羊，但近年來美國政府領導人的談話及制訂的政策，卻都與全球化反其道而行，反倒中國成為自由貿易的積極擁護者，就是因為雙方都了解全球化對各自的利害得失。

美國重新定義製造業的重要性

在二戰後，美國製造業一度在全球占據主導地位。然而，從 1970 年代開始，由於運用了「特里芬結構」，犧牲製造業，換取美元霸權。美國轉向金融、服務以及新創產業，導致製造業的空洞化。然而，近年來，地緣政治與全球大疫的衝擊下，美國及其他國家都已深刻體認到製造業對國家安全的重要性。

美國的工作倫理源自韋伯（Max Weber）所定義的「新教倫理與資本主義精神」*。這原本是一個建立在勤奮工作和製造業的國家，因此重新調整金融、消費與製造業之間的比例，完全符合其價值觀和對國家安全的考量。

雖然說這種轉變不會立即發生，諸如中國和其他國家，包括越南、台灣等，對美國的貿易順差仍在攀升，而美國新產業

---

* 編按：社會學巨擘韋伯於1915年寫作《新教倫理與資本主義精神》（*The Protestant Ethic and the Spirit of Capitalism*），主張資本主義精神與文化源自新教倫理，即以勤奮勞動、累積資產來榮耀上帝。

政策也還在推動中，半導體供應鏈建設的新廠也尚未完工，但這種趨勢已不可逆。

　　值得一提的是，新加坡開國總理李光耀對製造業的重視顯得更有遠見。自建國以來，他就堅持製造業的比重不得低於 GDP 的 20%。而現在的美國，在重視製造業的道路上，有其移民、工作年齡人口成長等優勢。並且有 USMCA 美墨加協定†的支持，有望將關鍵製造業的防線拉回北美地區，這將是一場新的博弈。

文化是超限戰的利器

　　很少人會注意到文化傳播也是超限戰中的利器。美國除了有全世界最強大的軍事及經濟實力之外，美國文化也橫掃全球，它的影視音樂流行文化打破國界，受到全球模仿追逐，將美式價值帶到各地。這是資本主義威力所在。資本主義＋運動＝運動經濟，資本主義＋電影＝影視帝國，資本主義＋音樂＝音樂產業……這是不戰而收人之心。

　　在二十一世紀，中國則從電競、影音視頻、網路經濟與時尚服飾反攻。騰訊、網易與米哈遊等企業製作的手遊，讓全球無數年輕人沉迷不已；抖音的國際版 TikTok 讓短視頻成為美

---

† 　編按：美墨加協定（United States-Mexico-Canada Agreement, USMCA）即美國、墨西哥、加拿大三國簽署的自由貿易協定，三國市場共同流通且免關稅。

各國歷年工作年齡人口趨勢

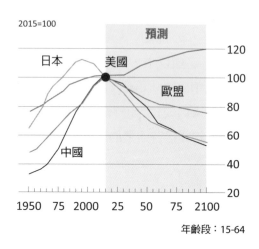

年齡段：15-64

美國的工作人口紅利才剛開始，在地生產符合美國利益與傳統價值觀。

國年輕族群生活中不可或缺的一部分，它龐大的商業潛力甚至可能威脅到美國電商龍頭亞馬遜。至於全球有兩億用戶的「小紅書」，已是台灣年輕人生活、社交、購物都經常使用的app，對這些年輕世代的影響遠比其他任何資訊都來得大。

　　網路無古今，網路無國界，在美國這兩年極力用晶片管制卡住中國咽喉前，中國早就已經用它在網路科技累積的優勢，無聲無息的將影響力滲透到對手的國度。文革時，紅小兵人人手上一本小紅書*，現在各國的青少年，則天天上「小紅書」

---

*　編按：《毛主席語錄》，也稱為「小紅書」。

尋找生活的靈感，天天沉浸在抖音的世界裡。

這些我們以為只是一時的「流行」讓使用者不經意的暴露在特定訊息以及危及生命的「行為挑戰」（challenge）中。根據研究這些數位產品容易影響青少年甚至成年人的心理健康，以及對事實的認知能力，造成長遠的影響，早已不只是擔心下一代不學好的問題。

這場超限戰的廣度遠比我們想像的更大，傳統的政府部門分工已經無法因應這一個新型態、跨領域、無所不在又無影無形的戰爭。

從自信出發，但勿看輕對手

《孫子兵法》始計篇有言：「兵者，詭道也。故能而示之不能，用而示之不用。」意思是：用兵作戰，就是詭詐。因此，即使有能力也要裝作沒有能力，實際上要攻打也要裝作不攻打。

2023 年中國遭遇經濟大逆風，大房地產開發商連連爆發財務危機，青年人失業嚴重，內需不振，地方政府深陷債務泥沼，國內外媒體及經研機構極力報導中國經濟這次一定過不了關，或將重蹈日本過去「失落的三十年」的覆轍，而且習近平用人以忠誠取代專業，面對困局拿不出辦法。

在冷戰 2.0 的今日，這很可能過度低估了對手。過去三十年來有關中國經濟即將崩潰的著作和言論不在少數，結果中國經濟不但沒有崩潰，反而一躍成為世界第二大經濟體。中國經

濟固然問題重重，但是主政者是一群活過文革浩劫的人，人民過經歷過大災難大變革，也經歷過改革開放後的好日子，大起大落都挺過了，這個民族的韌性不可低估。

中國企業家的狼性已讓全球競爭對手聞之色變，中國共產黨是全世界最務實冷血的政黨，中國經濟體量之大，只要調整腳步找到方向，其爆發力絕對不可小覷，甚至現在的經濟危機是中國可以順水推舟，開闢新戰場的機會。*

微軟總裁史蒂芬‧巴爾默（Steve Ballmer）當年認為蘋果iPhone難以成功，認為市場應不會喜歡螢幕這麼小，也沒鍵盤能打字的產品，低估情勢以致江山拱手讓人。

商場上是如此，更何況國與國之間的博弈。若說習近平身邊盡是一群愚忠笨蛋之臣，這恐怕也是犯了低估對手的毛病。如果對手是「能而示之不能」呢？誰是真笨？

籌謀大局，尊重對手是基本態度。如果對方是「能而示之不能」，我們也有所準備；如果對方是真的「不能」，那自己更有餘裕應付。如此，我們的視野與高度永遠高於對手。這不是長他人志氣，是策略規劃應有的高度。

國家利益永遠是地緣政治的指北針

台灣身處於東亞地緣政治樞紐，兩大強權角力的核心之一，再加上複雜的歷史背景和民主多元的社會，不同立場的人

---

* 編按：詳見〈中國篇〉。

自然會用不同的角度看待地緣政治問題。

　　所有國家的對外政策一定是從其國家核心利益出發，至於從意識型態或特定目的出發的言論，有時就會被轉化成認知戰的一部分。然而綜觀歷史，美國無疑是中華民國台灣自 1950 年以來不論是經貿、科技、教育、外交、國防上最重要的友邦。

　　七十多年來兩國關係經歷數階段的變化，其中有兩國國家利益高度交匯的時期（冷戰時期），也有兩國國家利益交集變少時（大平穩時期）。每個階段只要引力有所改變，就會維持一段相當的時間。

　　2018 年後美中逐漸進入新冷戰，這是另一次的引力大轉變，台美兩國的國家利益再度交匯，同樣也會維持相當的時間，這是台灣應該掌握的歷史契機。而不論冷戰時期或大平穩時期，或現在的大分化時期，台灣對美國的戰略利益基本並不曾改變†。國家利益是一門嚴謹理性的科學，永遠是分析地緣政治的指北針，而不是嘩眾取寵的政治言論或意識型態。

　　我們常說美中關係的大氣候會決定小氣候‡，對中國而言，這何嘗不是國家利益精密計算後理性決策的結果？換另一個角度看，就像兩岸政治的小氣候並無法改變大氣候，假設台灣並不存在世界地圖之中，難道美中在二十一世紀就不會爭霸了嗎？答案十分明顯。

---

† 例如1996年台海危機美國部署兩個航母戰鬥群。

‡ 此處應用鄧小平的比喻，大氣候指國際環境，小氣候指國內政治。

··· 重點回顧 ···

- 中國首先提出「超限戰」概念，將戰爭擴張到實體戰場之外，成為美中新冷戰的主戰場。
- 美國不終止全球化，無法阻止中國的崛起。
- 俄烏戰爭是超限戰的範例，網路戰、認知戰、金融戰、貿易戰與能源戰，無所不用其極，超越傳統戰場。
- 美中博弈是一場體制的長期競爭，考驗雙方的效率與韌性，穩定與創新，失誤機率與矯正速度，甚至長遠策略與短期思維間的取捨。
- 戰略博弈千萬不能輕敵，台灣應審慎看待中國的政經狀態。
- 台美進入國家利益交匯的週期，我們應好好掌握。

第四章

超級企業家的挑戰（上）
判斷情勢、建立韌性

「地緣政治已成企業的必修課，每一個企業主，
除了管理公司的產、銷、人、發、財外，
還要身兼國家元首、外交部長、經濟部長及財政部長。」
——黃志芳（2022）

　　新冷戰可能會持續個幾十年，短期內難以分出勝負，再加上總體經濟的各種壓力逼近極限，顛覆性新科技來得又快又猛，這些是所有企業家在三體世界都一定會碰到、且必須面對的挑戰。學習判斷情勢、建立公司韌性，與利害關係人溝通，變成了 CEO 的三項重要工作。

判斷情勢——盡信書不如無書

近年來跟國際情勢最常連在一起的字眼，大概就是「跌破眼鏡」了。

智庫、投資銀行、報章雜誌，這三個產業界人仕習慣獲取資訊的來源，似乎突然間準度大降。無論是中美對峙怎麼持續這麼久，聯準會利率怎麼升得又急又猛，這些本書探討的題目，傳統的分析往往只能以「修正預測」一語帶過，而且這些預測的「有效期限」也特別短，可能過不久又得再次修正。

問題是，報告一言帶過的「修正預測」卻可能造成企業虧損，甚至導致裁員而影響員工生計，是需要審慎處理的大事。

當然，預測本來就是很不容易的一件事情。以分析趨勢為生的資產管理業就連佼佼者如索羅斯（George Soros）、達力歐（Ray Dalio）、富達（Fidelity）與駿利（Janus）等**外資所追求的預測準度，也不過是 51%**。在準度如此低的情況下，CEO 如何為未來的風險與機會做準備？

傳統資訊來源變得不夠準確，是因為三體時代已取代大平穩時代，除了前文所述的「錨定效應」的影響之外，還有可能幾個下述原因讓分析變得日益困難。

專家 vs 通才

「數位人民幣提供中國迴避美元的方法／北京政府正在為衝突作準備」這是 2022 年 9 月《經濟學人》雜誌的標題，短短一句話就包含了三體世界所有面向的問題：科技面——什麼

叫做數位人民幣？跟現有人民幣有何不同？總經面——美元要怎麼迴避？石油不用美元買，要用什麼買？地緣政治面——什麼衝突？這題簡單，當然是中美博弈新冷戰。

　　大平穩時代，企業衝的是效率，而財經研究拚的則是專精，稍微跨出界線一點，就可能進入完全不同的領域。

　　然而在這個三體世界，在超限戰驅使下，領域間的界線被完全打破。AI、5G橫跨地緣政治與科技，ESG牽涉科技及總經領域，經濟制裁更關係到總經及地緣政治。僅跨兩種議題的例子也不多了，就如《經濟學人》的標題，未來的主要趨勢都會綜合地緣政治、總經、科技三大課題，這些都是專家尚未習慣的。

　　在三體世界當通才的CEO變得需要什麼都要處理，抓出來的趨勢卻可能比單一面向的專家更準。本書像是一本米其林指南，列出企業未來需要注意的地緣政治、總體經濟與新科技這三個強大引力的洞察，提供給CEO們參考，希望對你們有所幫助。

事實 vs 觀點

　　語言學之父諾姆・杭士基（Noam Chomsky）有句名言：「無論誰掌控了媒體，他就掌控了心靈。」新聞不一定是報導「事實」（fact），但媒體一定是用來傳達「觀點」（opinion）的工具，從而改變社會。

　　我們生活在被觀點淹沒、傳遞速度也愈來愈快的「資訊時代」（Information Age），不論是從YouTube、臉書、Line以

至於抖音等各大消息平台，人們所接觸到的每一項資訊，都有影響大眾認知與行為的意圖。商業上這叫做「行銷」，往往讓消費者不知不覺買了自己不需要的產品；同樣的手法在政治上就叫做「認知作戰」，在三體世界是重要的超限戰場。

在中美博弈、全球大分化的地緣政治現實下，不僅供應鏈要選邊，媒體的立場也漸趨分明，利用各種新科技為自己的陣營效力，傳達觀點，影響社會。但若 CEO 接收到的都是帶有目的性的「觀點」，那能實際協助判斷趨勢的「事實」就會愈來愈匱乏，經營事業的誤判風險就會愈來愈大。

誘因（incentive）

動物的行為是由誘因驅動，而誘因大都建立在利益之上，萬物之靈的人類更是如此。

外資視為產業分析基本功的波特「五力分析」，包含供應商、競爭者、客戶、替代品與新進者五力，近年又加了政府的第六力。為了謀求自身利益，每一股力量都覬覦著公司的利益，試著用競爭壁壘、議價、稅務等各種手段分一杯羹。唯一會為公司利益著想的，只有 CEO、投資者、員工，而上述六力則是利益的爭奪者。

CEO 們經常參考的傳統資訊來源，實際上是扮演著資訊供應商的角色，負責提供企業所需要的資訊。這些媒體及機構的行為誘因與 CEO 的角度自然不同。例如投資銀行本身不但是資訊的提供者，同時也是金融服務的提供者，獲利主要來自後者，因此 CEO 們對投行報告應該謹慎，不要迷信大牌

公司，不論 CEO 的公司有沒有賺錢、事業是否長久，都不是他們的首要重點。財經媒體一般都希望善盡媒體職責，提供讀者市場、產業面客觀的評估，但是跨領域的三體世界變動太快了，這些媒體的資源、人才有限，須與時間賽跑才能提供更好的分析。地緣政治領域的智庫與媒體的情形類似，有些甚至立場設定更鮮明。

　　三體世界，經商環境受到地緣政治及總經力量的影響，而「破壞式創新」科技更時時刻刻在顛覆商業模式，路不再像以前一樣筆直，企業不能再只顧往前衝，需要更精準的分析協助決定哪裡要轉彎，哪裡該減速。

　　在這充滿不確定性的環境下，波特六力之間的關係卻也愈來愈複雜，超級 CEO 的決策格局等同於一個國家的元首、外長、經長、財長，需要隨時判斷企業不同層面的威脅，但媒體及機構卻無法提供完整的資訊分析。為了捍衛公司的利益，**CEO 們必須要更努力地做功課，以公司的角度出發，廣泛參考各種立場的資訊來源，小心檢視資訊供應商提供的趨勢分析，不要迷信老牌的資訊來源，盡信書不如無書！**

你的護城河夠寬嗎？

　　維持和平的力量有兩種，對外的「嚇阻」能力與內在的「韌性」，於政於商皆是如此。

　　嚇阻是競爭者改變現狀時必須付出的成本，而韌性是 CEO 您維持現狀所需付出的成本。巴菲特之所以喜歡投資護

城河 *寬闊（wide moat）、韌性高的企業，就是因為這樣的公司就算在波特六力的威脅下，還是能輕鬆地維持獲利。面對三體世界的各種「不確定性」，韌性不但是企業生存的憑藉，也是貫穿本書各章節的中心思想。

　　構築企業韌性的方法，不外乎透過品牌、技術、成本優勢、網絡效應等建立護城河、縮小曝險面積、並在「**能做的生意**」與「**該做的生意**」間做取捨；多元化發展，如分散生產與市場以降低單點風險，以及運用新科技增加企業靈活性與創新速度。因為經濟環境猶如身處危崖，未來更大的風險會出現在資本面，CEO 也必須全面檢視公司的收支與資產負債表，增強財務的結構韌性，抗通膨、抗波動，為自己存下更多過冬的本錢，與大平穩時代以資金效率及配息為先的習慣不同。這些增強營運面與資本面韌性的方法，在後面的總經、科技與台灣篇都會有更多的討論。

＊　編按：巴菲特在致股東信中常提出「護城河」一說，說明企業擁有難以複製及超越的優勢就像護城河，在商業競爭中阻擋競爭者的進攻。能做為護城河的優勢有幾種類型，例如擁有無形資產、具有轉換成本高的產品、網絡效應、成本優勢、規模經濟等。

··· **重點回顧** ···

- CEO 需要花功夫了解這複雜的三體世界。
- 建立韌性是面對不確定性的最佳法門。

第五章

超級企業家的挑戰（下）
掌控國際話語權

「遊說是世上第二古老的專業。」
—— 比爾·普萊斯

　　2022 年 2 月俄羅斯入侵烏克蘭後，全球企業凡是在俄羅斯有經營業務者，都被要求表態，日本的 Uniqlo 因發言不當，導致公司股價大跌。台灣數家電子公司也被烏克蘭點名，如何妥善的即時回應，成為極其嚴峻的挑戰。*

　　政府的立場相較之下反而單純，只要加入大多數西方國家陣營反對俄羅斯即可。這些被點名的台灣公司的 CEO 則必須

---

* 2023年爆發的以哈衝突，讓麥當勞、Google、Netflix等跨國企業在多國受到抵制，一些美國出口的產品也掉單，新冷戰提高了全球各地CEO的決策複雜性。

綜合考慮國際輿論、政府立場、國際主流價值觀，還有俄羅斯市場的重要性，審慎做出回應，表態政治學一時成為企業的顯學。這些 CEO 的決策複雜度已超越政府首長。因此台灣的 CEO 們更需要學習溝通，不只面對供應商與客戶，更要與資本市場以及國際利害關係人溝通。

裴洛西啟示錄

2022 年下半年，在美國眾議院議長裴洛西來台引發中國環台軍演後不久，美國 CBS 電視台知名的節目《六十分鐘》（60 Minutes）的製作團隊來到了台灣做專題報導。因幫忙安排一些企業訪問的行程，有機會和他們深入互動。

我們問：「你們來台灣，是不是因為台灣是世界上最危險的地方？」一行人聽了都笑了。

2021 年五月《經濟學人》的封面故事，稱呼台灣為「世界上最危險的地方」，隔年戰爭的確爆發了，但不是在台海，而是在烏克蘭。而 2023 年 10 月美國國安顧問蘇利文公開宣示：「中東地區出現了近二十年來最穩定的局勢」，八天後爆發了牽動全球局勢的以哈衝突，這些改變歷史走向的大衝突原本都不在大家的雷達螢幕上。

大家認為最危險的地方，實際上可能是安全的，而沒有注意到的地方，反而才是最危險的。過去七十多年來，我們一直都被認為是世界上最危險的地方，但是兩岸關係雖有緊張與起伏，基本上情勢是穩定的。台灣不但沒有戰亂，還發展成世界

重要的經濟體和高科技國家。

　　當被冠上「最危險的地方」時，每一個利害關係人隨時都睜大眼睛，緊盯著任何情勢的變動，會更注意維持現狀的平衡，對各種風險也都會有準備，也就是所謂的「最危險的地方，就是最安全的地方」，任何一方若輕舉妄動，必須付出很大的代價，台灣幾十年來就是處於這種多方強大勢力對抗、微妙的平衡狀態中，相信未來我們還會繼續被稱為最危險的地方，但這不僅無礙，甚至會繼續鞭策我們成長、壯大——所以說，我們應該要感謝《經濟學人》雜誌的封面故事，讓世界聚焦在台海穩定上，成為台灣的關係人。

　　有人說，中國的國力和軍力不斷強大後，就會想要改變台海現狀。沒錯，但也因中國的企圖心和國力的增長，引起美國的戒心並進行反制，不但強化在太平洋的軍力部署，還透過壓制其科技發展以期阻斷其國力與軍力的成長，引爆美中全面的對抗。這就像是物理學中作用力與反作用力定律，兩股力量間隨時維持一種動態的平衡。

對外關係經營的新功課

　　大平穩時代，企業家只要把產、銷、人、發、財，供應鏈及客戶關係管理好就好，但從「晶片戰爭」的例子可以看到，顯然地 CEO 們已經不能無視於地緣政治的變動及影響了。

　　過去幾年來，美國政府高層官員有關半導體的談話幾乎都是跟風險有關。拜登總統、國安顧問、商務部長，都不斷提到

全球高階晶片的生產集中在台灣生產的風險。台灣半導體產業在國際上的競爭對手更是不遺餘力的宣傳台灣地緣政治風險，非常熱心定義台灣的險境。

台積電董事長劉德音在 2023 年 6 月的法說會上說：「如果中國大陸和美國都認為他們不能沒有台積電，那麼我們的晶片、台積電和台灣的旗艦晶片產業，就能在穩定雙方之間的緊張關係上扮演重要角色。」這是一家地緣政治兵家必爭的半導體公司，從地緣政治的角度所說的深具智慧的一席話。

台灣所發展出獨有的半導體群聚優勢，卻被解讀為最大的風險來源，而劉德音董事長的一席話，是一個有力的回應，把外界認為的台灣風險還原為優勢，在國際上取回話語權。但這樣的問題不是只有像台積電這樣的大公司才會碰到，在地緣政治時代，沒有任何一家公司能置身事外，CEO 們必須學會運用有說服力的論述來應對外來的挑戰與質疑。

2002 年中國加入 WTO 後，很多台灣公司都被客戶詢問是否在中國有生產基地，若答案是沒有，以後訂單很可能就不見了，也因此台灣公司紛紛被迫到中國設廠。

2018 年美中貿易戰開打後，大家又接到同樣的電話，但問題改為在中國以外有其他生產基地嗎？若答案是否定的，業者也擔心以後客戶會抽單或減單。2022 年美國眾議院議長裴洛西來台後，不少台灣的企業又接到外國客戶的電話，詢問有台灣以外的出貨地點嗎 ？

2023 年 4 月，貿協率台灣電動車業者去德國訪問知名的大車廠，每一家都關切晶片的供應及地緣政治問題，德國車廠

的主管對此作足了功課，提出頗為尖銳的問題。同年七月我們的團又到訪日本，某日本車廠甚至希望我們針對地緣政治分享台灣的看法。顯然大家對台灣的觀點非常重視。

以往大平穩時代，台灣的企業外部溝通最重要的對象是客戶與供應商，內容以技術、研發、價格為主。每個公司都耗費極大心力在改善生產及經營績效。但在地緣政治時代，如果台灣的企業家不知道如何和客戶溝通，讓客戶跟著國際媒體起舞，那對業務的負面影響足以抵銷經營面的努力。在大平穩時代，CEO 們何需煩惱這些事？

以往外部環境的挑戰除市場面的競爭，另一重要環節來自競爭對手的智慧財產、反傾銷、反壟斷的法律攻防。一路走來，台灣產業實力愈壯大，競爭者手段就愈毒辣，台灣很多企業因不熟悉這些法律攻防，為此付出極大代價。但 CEO 們身處三體時代，在國際上要處理的問題已不僅是市場面及跨國司法攻防，要溝通的對象已不只是產業鏈的上下游而已，還包括資本市場、國際媒體、外國政府官員甚至到國會，都是重要的利害關係人。這種 B2G、B2M* 的經營之道是台灣企業必修的一門新功課。

---

* 編按：B2G是指企業對政府（business-to-government），B2M則是企業對媒體（business-to-media）。

在產業重塑中掌握話語權

2023 年 6 月，台灣電路板公會、電電公會以及貿協共同組團訪問墨西哥，受到墨方高規格接待，不但與墨國經濟部長及工商領袖討論供應鏈重組及對墨西哥投資事宜，墨國經濟部長親自陪同我們訪問首都鄰近的幾個州，考察投資環境，都受到州長們熱誠的接待。墨西哥希望台灣的產業能配合美國的近岸外包（nearshoring）† 政策，加速投資墨西哥，特別是資通訊業。 此行也讓我們見證到在地緣政治大分化下，墨西哥成為北美製造中心的爆發力。

台灣已有近三百家電子業者在靠近美國邊境的墨西哥北部設廠生產。電電公會長年耕耘與墨西哥政府、企業、公協會的關係，為台灣做了許多產業外交的工作。電路板公會則在此次訪問中的角色吃重，必須在多個場合與墨國經濟部以及地方的州長進行溝通。

這種場景在大平穩時代是無法想像的，電路板業者只要做好生產及管銷就好了，哪想得到有天搖身一變成為台灣產業的先鋒，和這些重要的國際利害關係人直接對話？台灣的企業從一個不起眼的灰姑娘，一躍站上世界舞台，舉手投足都受到注目。

---

† 　編按：相對於「離岸外包」（offshoring），亦即外包地點自低成本生產國轉為鄰近國家。

在地生產與近岸外包劃下的產業防禦線

在大分化時代，各國出於地緣政治及國安考量，紛紛推出各種產業在地化政策。美國政府在 2021 年 6 月及 2022 年 2 月先後公布供應鏈的評估報告，為供應鏈大分化時代拉開序幕。

第一份報告中直指美國競爭優勢正在流失，高度仰賴台灣、中國、韓國和日本等地的半導體供應，而美國企業在海外的客戶及營收過度集中於中國。第二份報告檢討範圍更擴及台灣的強項：資通訊業中的電子代工、印刷電路板、光纖、路由器、交換器、伺服器和液晶顯示器等領域，並指出大部分生產地點都在中國，為美國帶來相當的風險。

這兩份報告勾勒出美國重建韌性供應鏈的路徑圖，促成台韓的半導體業者加碼赴美設廠、美墨兩國也積極爭取台灣資通訊業者重新到美墨布局。兩份報告中點名的產業，美國商務部基於國安考量，一定都有完整的策略，以胡蘿蔔加棒子的手法，按步就班重新建立關鍵產業的供應鏈。

美國重塑全球供應鏈有三個核心圈：

第一個核心圈是拉回美國生產（reshoring）*，第二圈是在美墨加（USMCA）的近岸外包生產（nearshoring），其中墨西哥是最重要的生產基地。第三圈是友岸外包（friendshoring），對象是美國信賴的其他國家與公司。

2022 年台灣電子零組件及資通影音產品出口達 2,648 億美元，占我國出口比例高達 55.2%，不只是台灣經濟最重要的支

---

* 編按：又稱製造業回流，即製造業自低成本生產國回流至由國內製造。

對中與對美貿易百分比差距圖

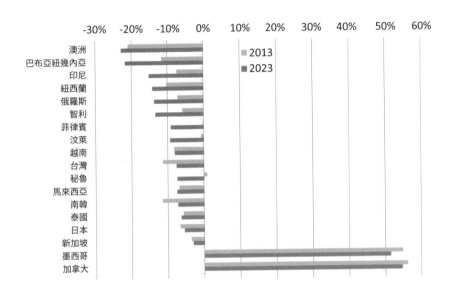

比較 APEC 各會員國對美貿易減去對中貿易的百分比，墨西哥與加拿大是其中少數對美貿易大於對中貿易者。

柱，更是美國重塑競爭力過程中將積極拉攏的一塊。我國業者必須有所準備，以妥善因應即將來臨的外部壓力。

　　在大平穩時代，台灣企業做代工習慣低調至上，沉默是金。但在三體時代，做法必須有所改變。我們要學會建立完整的論述，掌握話語權，主動定義自己的價值、而不是被別人定義，透過國際媒體為自己宣傳，積極游說外國政府，爭取有利我方的條件。

　　這幾年的大變局，讓台灣在地緣政治及全球供應鏈上受

到前所未有的重視，CEO 們如果願意為自己的公司及台灣發聲，國際媒體一定都會樂於報導，近期一些台灣 CEO 開始接受 CNN、 BBC、 彭博與《經濟學人》雜誌等國際媒體訪問，對公司及國家的形象很有幫助。

產業政策的戰國時代來臨

習近平在 2023 年 11 月的 APEC 會議中對拜登說「這個地球容得下中美兩國」，但事實上光就綠能、電動車與石化產品，地球就已經快吃不下中國的產能了。先進國家開始打造各自的產業政策，提倡「去風險化」，就是為了避免本土產業被一波波襲來的低價中國產品沖垮 *。

世界各國從國家安全的角度重新制定的產業政策，胡蘿蔔與棒子齊下，有攻也有守。例如美國商務部對中國的半導體業連番祭出制裁，掐住中國取得先進製程的能力，是凌厲的攻勢，其中的《晶片法案》（Chips and Science Act）一方面鼓勵投資本土半導體製造，又限制領取補助者不得對中投資半導體。相對上提供本土電動車鉅額補貼的《降通膨法案》（Inflation Reduction Act）是以防守出發，也是為何目前美國目前相較於歐洲仍較擋得住中國電動車競爭的原因。

新冷戰的戰場不會只限於晶片及電動車，中國的產能優勢也不只限於電動車，中國是將產業政策武器化的先驅，產業政策的「戰國時代」即將來臨。 **大國都有熱戰不能打的共識，**

---

*　編按：詳見〈中國篇〉。

各國產業政策支出的 GDP 占比 ❹

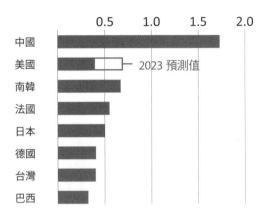

韌性供應鏈與在地生產的潮流下，近年來各國的補助與融資等產業政策興盛，但投入的資金比例仍大幅落後中國。

但超限戰下的產業戰線絕對將是未來最激烈的戰場之一。

遊說的藝術及必要

　　台灣的企業在大平穩時代，專心做代工，做好上下游客戶關係即可，不需經營外國政府關係。在「三體時代」台灣的產業躍上世界的舞台，必須和國際利害關係人溝通，對象不只是國際媒體，更包括各國政府與國會甚至工會。遊說是溝通的一種重要方式。

　　在國內，「遊說」因我們的政治文化之故常被污名化，但這項產業已有數千年的歷史。中國的「戰國時代」更是遊說人才輩出，蘇秦、張儀的遊說改變了當時的「國際版圖」。當今

世界以美國為例，遊說早已行之多年，不但法規齊備，更形成政治文化與體制的一部份。風靡亞洲的 Netflix 影集《紙牌屋》（House of Card），雖然劇情誇張了點，也讓觀眾認識到華盛頓的政策制定幾乎就是由行政部門、國會、遊說公司（代表企業、外國政府、公協會等利害關係人）共同協調下的結果。

美國是全球政治、經濟領頭羊，它的外交、產業政策動見觀瞻，跨國公司及美國的大企業在都非常重視在華府的公關及遊說。以近年最引人注目的半導體業為例，台灣業者近年來開始在華府顧用公關進行遊說，國際上的競爭者如英特爾（Intel）、三星（Samsung）更是早已投入更多的資源進行遊說，連設備商愛斯摩爾（ASML）都加入遊說行列，可見在產業政策的戰國時代，遊說之重要性。

這兩年最有力的例子莫過於當美國商務部發布對中國高階晶片的制裁，造成輝達高達 20 億美元的龐大潛在損失，輝達（Nvidia）立即展開密集遊說，讓商務部同意訂定寬限期，高階晶片降階後暫時得以在中國繼續銷售，這就是遊說的威力。雖然最終國家利益凌駕商業遊說的影響力，但遊說的確還是給輝達爭取了一些喘息空間。

國際遊說是 CEO 必修的一堂課

國際遊說並不是請一家外國公關公司，把工作交給他就可以了，這是一項細膩綿密、須長期推動的工作。JH 1990 年代在華府服務時做的就是國會及公關公司聯絡業務。華府有近兩

萬遊說客時時穿梭國會及行政部門，具有規模的公關公司運用其跨領域的人脈更容易協助客戶達成目標，這是人際關係運作發揮到極致的專業，也是美國政治運作極其重要的一個環節。

　　台灣對美國國會的遊說工作在華府十分受到推崇，特別在美台無正式外交關係情況下，往往在關鍵時刻發揮甚大效果。李登輝總統 1996 年得以成功訪美，美國國會參眾兩院一致通過歡迎李總統訪美的決議案，是很重要的臨門一腳。近年美國國會通過諸多友台法案、重量級議員團來訪，都看得到台灣駐華府團隊的用心。我國政府對美國國會工作多年累積的心法，如何在關鍵時刻發揮影響力，很值得 CEO 們學習。

　　遊說工作的基本功和做生意一樣，從廣結善緣、多交朋友開始，朋友愈多，將來助力愈多，何時用得上都不一定。2023年 4 月美國會眾議院外委會主席麥考爾率多名重量級議員訪台，貿協受美國友人之托安排早餐會，邀請我國具代表性的科技公司與該團交流。一開始，一些公司對是否參加仍有遲疑，經溝通並保證低調進行後，邀請的業者都到了。眾議院外交委員會主席在國會政策制定上極為重要，若在華府要見他一面十分不易，如今他親自率團來台，豈非最好的溝通機會？早餐會上麥考爾主席聽到許多台灣業者的意見，讓他對這些科技公司面臨的問題有更深入的了解，賓主都很滿意。在產業政策的戰國時代，遊說是 CEO 們必須重視的一堂課，而不是只聘請公關公司代為操刀而已，CEO 自己也需要適時投入，經營自己的人脈，廣結善緣，關鍵時刻才能發揮影響力。

　　這幾年台灣開始有重量級科技公司聘雇熟悉華府運作的人

士展開對美政府遊說，是跨出了一大步。當地緣政治重新洗牌而台灣的企業必須走向全球化時，CEO 們，在世界各地，在各種場合，你們早晚都會需要扛起遊說的任務。

在產業政策的「戰國時代」，CEO 們應向政府（外交部）學習國際遊說，建議政府也運用在各國多年累積的人脈資源及遊說經驗，把產業議題當作重要的外交工作，協助業者進行國際遊說，做業者的後盾。

CEO 是最佳的遊說客

誰才是最佳的遊說客？答案是 CEO 本人。公關顧問就像訓練良好的辯護律師，具有高度的專業技巧，但對公司的歷史、文化、核心的價值畢竟缺少了休戚與共的感受。只有 CEO 最了解公司價值所在，能幫公司做最好的辯護和遊說。2010 年豐田汽車公司的車輛在美國因安全問題而引起一連串調查，成為豐田章男就任社長後最大的危機。他為此親自赴美國國會作證，情詞懇切的說：「大家都知道，我是豐田公司創辦人的孫子，所有豐田生產的汽車都掛著我的名字，對我而言，這些車輛受損了，就好像我自已受傷一樣。我比任何人都希望豐田汽車是安全的。」這樣的表達方式不是一般的公關人員或遊說客講得出的。CEO 們，你們必須是公司最佳的代言人和溝通者。

台灣企業家最在行的是生產製造，大都不太會說自己公司的故事。近年來貿協所組的企業團出訪前，都會找團員來事先

演練，並請外國專家針對出訪國家企業文化特性來教授簡報技巧，如何說好自己公司及產品精彩的故事。經過多次演練，2023 年四月貿協所組國內電動車業者訪團訪問德國大車廠時，各家的 pitch 不但英文流暢，內容充實，甚至有有表達風趣者，讓德國車廠高階主管為之驚艷叫好。所以，不是不能，是過去大家不重視。

　　CEO 們另一堂重要的課是與國際資本市場的溝通，並不是每年舉辦法說會和股東大會，或請個投資者公關公司（investor relations）就可以交差。CEO 學習講華爾街的語言，跟經理人們做深度並專業的交流，就能拿得到協助企業打天下的必要資金。資金的有無往往是商場上勝敗的關鍵，這在〈主權基金〉章有更深入的討論。

··· **重點回顧** ···

- 新冷戰引起全球供應鏈重整，地緣政治讓經商環境更複雜，掌握國際話語權成為台灣企業走向全球的成功要件。CEO 未來也必須要學習跟國際利害關係人及資本市場溝通。
- 公關公司雖然有用，但 CEO 自己才是最佳的遊說者。

第二篇

總體經濟篇

如臨危崖

Source: AI 生成

第六章

通膨怪獸

「通貨膨脹是一種無須立法就可以徵收的稅。」
——美國經濟學家彌爾頓・傅利曼

　　1989 年，台灣錢淹腳目的時代，紐西蘭銀行意外地奠定了全球央行遵循至今 2% 的通膨目標 ❺。

　　當時在美國央行總裁伏爾克（Paul Volcker）的帶領下，經過 20 年的升息與努力，全球在對抗通膨上已有一點成果。當年紐西蘭的通膨為 5.7%，已較 70 年代的 17% 改善許多，政府的注意力也從全力打通膨，轉變為尋找「通膨目標」的朝野共識。訂立公定的物價指數標準 *，既可當作長年來「抗通

---

* 編按：各國最常用的物價指數標準是「消費者物價指數」（CPI），是統計人員透過每月察訪全國各地的商店和企業來計算，檢查其所設定的一籃子商品（服務）的價格上漲速度。以台灣為例，消費者物價指數的成分有食物、衣著、居住（房租、水電等）、交通（油料費、交通服務費等）、醫療保健、教養娛樂、雜項等七大類。

膨」競賽的終點線，未來更可以作為監控這隻通膨怪獸是不是又越界的基準點。

紐西蘭政府為了訂定通膨目標，從夏天徵詢到冬天，經過無數次的溝通協商，卻一直沒個定案。眼看耶誕假期就要到了，為了讓大家都能好好過節，紐西蘭央行主席 Don Brash 與財政部長 David Caygill 在放假前夕跟國會簡單提出了 2% 作為通膨目標的建議，而議員為了趕著回家發聖誕禮物，也就一致同意表決通過。

這個南半球島國為了過節而倉促決定的數字，出乎意料地在沒有跨國商議下，快速地在幾年內受到其他國央行的廣泛採用，無心插柳成為了全球通膨政策的黃金標準，並沿用至今。

算不準的通膨

物價指數身為最重要的經濟指標，大家可能認為關於它的一切應該都是精準的，然而，不僅全球通用的「通膨目標」是誕生於偶然，連「通膨計算」本身也充滿變數，不僅算不準，且各國的差異性很大。

2022 年俄烏戰爭後，原物料與能源價格一度飆升，但美國之外的國家的通膨程度又更加嚴重。因為匯率貶值的關係，用歐元或日圓進口這些民生必需品會比以美元計價貴出 25%。全球物價壓力上升時，經濟的不確定性升高，身為避險貨幣的美元往往反而會走強，美國也得益於此，通膨壓力較他國輕鬆一點。

通膨也會因國家經濟結構而異，例如身為世界工廠的中國，多年來仰賴出口推動經濟成長，貿易順差屢破新高的同時，工業產能也翻了好幾倍。但一旦碰上全球經濟走弱，加上歐美推動在地製造，國內消費的「內循環」力道又因為房地產降槓桿的影響而不足 ❻，工廠就會面臨稼動率下滑的壓力，打折、削價等反應通貨緊縮的求生行為層出不窮，例如 2023 年中國國內汽車瘋狂削價競爭，血流成河，讓人看得目瞪口呆。

就算中國央行降息、減存款準備率，這些在國外刺激經濟的政策，卻只會讓中國的通縮更嚴重。因為大平穩時代的經商模式就是擴量降價，政府發出的紓困金會反射性地又用於投資擴廠，反而讓經濟落入通貨緊縮的惡性循環。對於中國而言，通貨緊縮的風險是遠大於通膨的。

除了國與國的差異之外，通膨計算上更核心的問題，在於物價指數成分的比重，是依據「維持基本生活」、而非「追求更好生活」的前提所設計的，不符合人性不斷求好的傾向。

儘管房產、汽車等象徵更好生活的商品價格上漲，卻往往未能反映在消費者物價指數（CPI）中，雖然維持溫飽沒問題，但人們卻感嘆貧富差距擴大，薪水愈存愈窮。從央行角度來看，就算房價已漲到老百姓買不起，只要 CPI 顯示物價穩定，就會維持寬鬆的貨幣政策。等到通膨壓力從貴重資產與高端消費品擴散到連柴米油鹽也開始上漲，央行才會開始大力打通膨。

但這劑慢了幾拍的抗通膨猛藥，會埋下經濟失溫失速的風險。若演變為經濟衰退，央行又要降息擴表來拉抬經濟活力，

美國核心 CPI 指數（1968～1984）

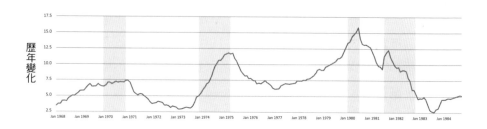

無三不成禮的通膨：30 年代與 70 年代，通膨潮來了三次才得以成功壓制。

反反覆覆的貨幣政策成為自 1970 年代至今大平穩時代經常上演的劇碼，部分國家的利息也因此一路砍到史上未見的負數。

因為一再的預測錯誤，聯準會主席鮑威爾在 2022 年受國會質詢時尷尬地承認：「**我們終於了解到，我們對通膨不太了解。**」[7]，部分研究甚至顯示通膨主要是心理因素，是社會對央行失去信心時表現出來的症狀 [8]，所以抗通膨不僅是個摸著石頭過河的過程，相關政策除非能重建社會對央行的信心，不然升息也不一定有效。

人類對通膨所知不多

關於通膨的一切之所以這麼不準確，可能是因為通膨是社會近幾百年才較常見的現代病，人類還在摸索熟悉中。從中國歷代《食貨志》，也就是「民間日常用品消費紀錄」來看，上

負利率的債券市值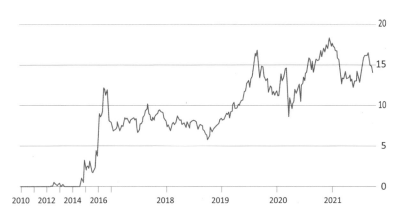

2015 年至 2022 年通膨來臨前，世界上一度有超過 17 兆美元的負利率債券。

千年來是通縮多、通膨少的狀況。

《宋史‧食貨志》中司馬光上奏：「臣聞江淮之南，民間乏錢，謂之錢荒。」物產豐饒的南方，缺乏貨幣支持交易，錢荒之下反而讓豐饒的物產無法銷出而浪費了。而他寫的《資治通鑑‧唐紀》更說到「（貞觀）……是歲，天下大稔……米斗不過三四錢。」歷史課本中頌揚的貞觀之治，農田大豐收，導致米糧賤賣，就是通貨緊縮的現象！就像上段說到的世界工廠中國，現在也陷入通縮的問題，但中國自古自詡地大物博，帝王的使命就是要促進民間增產，讓東西與食物愈來愈便宜，甚至輸出到國外，這個幾千年累積下來的經濟傾向可能已經寫進執政者的 DNA 了。

英國的貨幣購買力歷史變動圖（1800 ～ 2023）

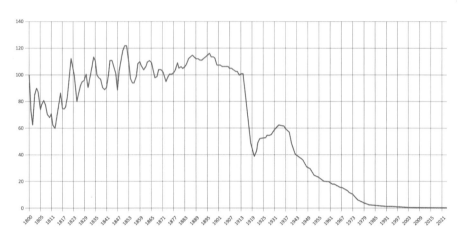

通膨是近一百年來的新現象，歷史上更多的是通縮與物價的上下波動。

人類創造貨幣，貨幣創造通膨

　　為了解決通貨緊縮這千古難解的問題，宋元年間中國發明了對世界影響不亞於四大發明的尖端科技：紙鈔，從此貨幣能被輕鬆製造並流通，成為交易的主要媒介。但就如同科技的威力愈強大，副作用與風險也會特別大，貨幣用得超過分寸，就變成一隻通膨怪獸。

　　物價就是「金額」除以「貨品量」的得數（商），**當分子的貨幣成長速度，遠超過分母的經濟實際產出，就會產生通膨**。自 2008 年以來，世界經歷了多次量化寬鬆（QE），也就是俗稱的印錢、擴表，後來的新冠疫情更讓各國政府不再考量

印錢的負面效應。光是美國 2020 年的第一輪紓困金就高達 6 兆美元，相較之下，二戰的總花費換算也「僅僅」等同現在的 4.1 兆美元；而歐巴馬在 2008 年國際金融風暴的經濟刺激方案，也不過花了 0.8 兆美元。全球央行互相較勁印鈔的速度，當人們紛紛開始拿紓困金網購，工廠又因為疫情而停擺沒貨可出，自然就萬物皆漲。

2021 年開始的一波物價上升，除了貨幣之外，能源的結構性問題是另一大原因。多年的 ESG 減碳潮流之下，銀行對

美元廣義貨幣供給 vs CPI 五年累計成長率（％）

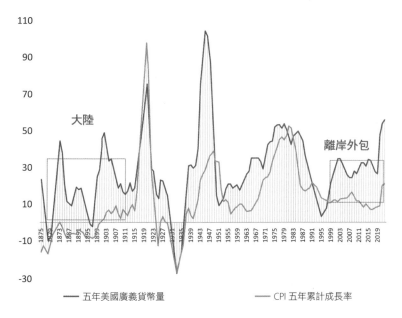

通膨原因很多，但貨幣大量增發通常與通膨有直接關係。❿

煤炭、石油、天然氣等化石能源的挖掘探索的態度趨向保守。
資金的緊縮造成傳統能源業的資本支出停在約二十年前的水
準，沒有找到新的資金來源，但世界對化石能源的需求仍連年
上升，呈現長年供不應求的狀態。

　　總而言之，通膨是種種因素堆疊而成，俄烏戰爭僅是為這
隻通膨怪獸的登場揭開序幕，但要在短期內制服它，回到紐西
蘭訂定的 2% 目標的確有些困難。就連聯準會主席鮑威爾也坦
言，僅靠升息難以降低能源和糧食價格，只有在經濟降溫甚至
衰退時，通膨才有望放緩 ⑪。**對於企業而言，經濟衰退帶來的
挑戰可能比通膨更難對付。**

2003 年以來大型石油公司的資本支出

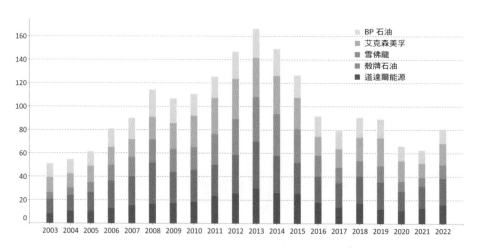

能源結構性問題也會造成通膨，近年來開採能源的資本投資衰退，造成供
給成長疲弱。

　　從長遠來看，未來的物價走向並不一定完全是通膨。轉向通縮、甚至雙向波動的機率更高。舉例來說，人口老化同時是促進通膨與通縮的力量，當更多青壯人力需要離開生產崗位並擔起照顧的責任，生產變少會助長通膨，但老年人的消費也會下降，則促成通縮。地緣政治驅動的在地生產風潮下，大家都想要有自己的工廠，是通膨的一股助力，但各國都紛紛建廠、擴廠後，過剩的產能就可能形成通縮。另一個不可忽視的強大通縮力量，來自 AI 革命性的生產效率升級，用一樣的資源能達到百倍甚至千倍的產出，成為自工業革命後又一個解決人工不足、大幅提升生產力的通縮力量。

通膨是 CEO 的大機會

　　回想 1980 年代的台灣，高通膨和高利率環境並未影響台灣的企業一邊哼唱林強的〈向前行〉，一邊培育出許多今天聞名於世的產業龍頭。歷史上通膨通常會造成產業的洗牌，對深耕核心競爭力的公司甚至有利，CEO 應做好長期抗戰準備，構築多元的避險手段，化挑戰為助力。

　　通膨對一間公司代表著成本上漲，對另外一間公司就代表營收的成長，是利是弊，端看議價能力在誰手上。低通膨時代常見的殺價競爭往往是金錢遊戲，誰有能力集資燒錢，誰就能稱王；但高通膨時代則必須靠多年培養出來的核心競爭力，才能讓客戶心服口服地付出更高的價錢。**通膨對於有實力的公司，是收入，不是支出。**

　　此外，2008 年以來全球資金泛濫，本質再差的企業也能靠貸款、發債與賣股票籌錢，維持營運。但在通膨的環境中，報酬率能打贏高融資利率的項目就會少很多。代表身負真功夫、能創造高經濟價值的公司才能取得成長需要的資金，讓資本市場更公平，實業家應樂見通膨。

　　對於企業而言，**過去名目條件（報表上的數字）與實質條件（扣掉通膨後的數字）幾乎一樣，但在物價不穩定的時代差異就可能很大。***例如 2022 年的美國零售名目成長率是 8.2%，這種成績在低通膨時代就要開香檳慶祝了，但扣掉通膨的 8% 後，實際成長微乎其微。CEO 可以用實質條件為基礎，重設產、銷、人、發、財等項目的 KPI，能幫助企業看清楚實際的經營情況，**例如公司的資金投報率若沒有打贏通膨率，實質上就是縮水了。**

　　財務結構的韌性也很重要。除了降低金融槓桿之外，也可以關注哪些資產較抗通膨。根據世界最大的避險基金橋水公司研究顯示，硬通貨（如黃金）、原物料與房地產，這三種資產在停滯性通膨環境下的風險最低，獲利最好。但後兩者不適合台灣，因為台灣沒有儲存與交易原物料的基礎機制，而房地產則對地緣政治風險非常敏感，不是增強資本韌性的好方法 ❷。

　　充滿不確定的通膨，是三體世界很好的註腳。通膨產生的

---

* 「要用實質條件（real terms）而非名目條件（nominal terms）來做決策。在過去低通膨、低利率的時代，實質和名目幾乎是相同的。但是當全球進入高通膨期，如果還依過去的慣性經營就會失準。」黃志芳（2022/08/04）。通膨加衰退 超級企業家的機會。*聯合報*。https://udn.com/news/story/121739/6510746

原因、計算，與控制方法都不精準，且因為地緣政治、總體經濟與產業科技的相互作用，在未來更充滿了各種波動的可能性。這充滿不確定性的未來雖然挑戰著既有的經貿模式，卻也是 CEO 能帶領企業脫穎而出的大契機。

重點回顧

- 通膨的原因說不準、計算抓不準、控制打不準，是一隻難處理的怪獸，原因在於通膨是近代歷史才比較常出現的挑戰，人類還在學習了解中。

- 貨幣可能是造成通膨的主因，但各種產業與科技的力量互相作用下，未來不一定是由通膨主導的世界。而企業更大的挑戰是隨著打通膨政策而來的經濟衰退，與物價雙向波動造成的不確定性。

- 通膨對於績優企業而言是收入，不是支出。超級 CEO 需要以實際條件計算營運 KPI、降低財務槓桿、配置抗通膨資產，並利用核心競爭力發揮議價能力，將通膨化為助力。

第七章

升息與降息的兩難

「如果你欠銀行一百美元，那是你的問題；
如果你欠銀行一億美元，那是銀行的問題。」
——石油大亨約翰·保羅·蓋蒂

　　二次大戰結束後，美國正享受著勝利的喜悅，但一連串巨大的經濟挑戰緊接而來。數百萬的士兵回國，但職缺沒那麼多，造成失業率攀升。慶祝戰勝的報復性消費引起通貨膨脹率高漲，再加上戰爭時鉅額舉債累積的壓力，造成了經濟衰退與通貨膨脹同時發生、史上少見的「停滯性通膨」[*]。這蠟燭兩

---

[*]　「停滯性通膨是指當經濟環境遭受供給面的衝擊，造成經濟成長停滯與通膨同時存在的現象，通常伴隨著企業獲利衰退、民間消費支出疲弱、失業率攀升等負面效應。」公務人員退休撫卹基金管理局（2021/10/07）。停滯性通膨（stagflation）。https://www.fund.gov.tw/News_Content.aspx?n=1862&s=18661

頭燒的情況，使當時的美國總統杜魯門日日徹夜難眠。

　　杜魯門決定徵求經濟學家的建議，積極尋求經濟轉型的解方。然而面對這錯綜複雜的經濟狀態，經濟學家的建議都是兩手一攤，說：「on one hand..., but on the other hand」（一方面該如何，但另一方面又該如何），沒有兩全其美的做法，怎麼做都有嚴重的副作用。苦惱的杜魯門無奈之下對幕僚說：「給我只有一隻手的經濟學家！」❸ 經過了近一個世紀之後的三體時代，經濟學家再度碰上了「一方面不該升息，但另一方面該升息」的兩難。

　　2022 年媒體開始討論停滯性通膨的可能性，通常是與 70 年代的狀況相較 ❹，但因為摻雜了「債」的考量，實際情況是跟杜魯門的 40 年代比較更相似的。停滯性通膨是「通膨」與「衰退」的集合體，且通常衰退的問題比通膨大，但因為處理通膨與衰退的方法，一個是「升息」、一個是「降息」，剛好相互牴觸，停滯性通膨一旦出現就很棘手。若國家社會背著「債務」，升息對經濟的壓抑作用就會放大，不論政府或企業都要支付更高的債務利息，排擠公共支出與民間投資消費；同時，若降息則會鼓勵舉債，債上加債。重重風險之下，經濟學家恐怕也只能兩手一攤。

一方面不該升息

　　央行不升息，背後的考量是什麼？

　　控制通膨的方法很簡單，就是升息，如 1971 至 1982 年平

美國聯邦債務（1900 ～ 2053）

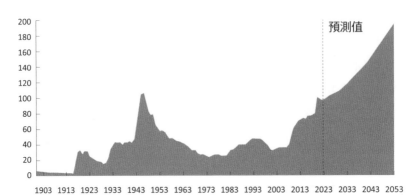

以美國為例，2020 年代的債務負擔類似 1940 年代。1970 年代雖然也有停滯性通膨，但當時的政府負債很低。

均 10.8％的通貨膨脹率與台灣人熟悉的三分利。但升息碰上債務，就很麻煩。

　　聯準會猶如世界的央行，各國央行的貨幣政策基本都是隨之起舞。但聯準會正在面對百年一見的難題，美國的債務占其 GDP 比例 120% 已經突破歷史高點，甚至高於二戰時期的113%。年年入不敷出的財政赤字更意味著聯邦政府不僅沒有餘力償還債務，還只會愈借愈多，美國國會預算辦公室預測未來 30 年政府債務只會直線上升，可能超過 GDP 的 200%。但還好只要有人埋單美債，高負債就不是問題，不過利息總是要付的。美國龐大的國防支出是天文數字，眾所皆知，但各位可能不知道 2023 年美國政府支付美債的利息為 8,790 億美元，

已經超過了國防支出 8,167 美元！每一兩年就在國會重演的債務上限辯論，大部分就跟美債利息有關，因為不提高上限就不能借錢來付利息，而利息沒按時給付，就會造成教科書上寫的「無風險資產」美債的違約 *。

美債真的是無風險的嗎？事實上在經過兩次的信用風險評比降級後 ⓯，美債的風險等級高於蘋果與微軟等大公司，而 2022 年長期美債的崩跌更造成各國央行、保險與銀行的淨值危機。所謂的「無風險」概念只存在教科書，金融法規，以及世界上無數還沒更新的 Excel 資產估值試算表內。

利息考量

若每年都要借更多錢，又不想利息愈滾愈多，利率就需要不停調降。過去 40 年的大平穩時代，美國就是靠這個模式控制利息支出。但若當水漲船高的債務剛好碰上升息週期，利息壓力就會倍增。

事實上維持美元霸權的成本——美債的利息支出——就如同前述在 2023 年就已經超過了維持美國軍事霸權的國防支出。若幾年後利息還是現在的 5%，舊債轉新債後，每年的利息就變成 1.5 兆美元，等於台灣整年 GDP 的近兩倍！甚至到了 2050

---

* 「無風險資產係指在投資時即可完全確定未來收益的資產。例如在美國，通常將國庫券（treasury bill）視為無風險資產，主要係因由政府發行的國庫券無履約或信用的風險，可定期按票面利率得到應有之利息。」無公務人員退休撫卹基金管理局（2016/06/30）。風險資產。https://www.fund.gov.tw/News_Content.aspx?n=708&s=16907

年美國聯邦政府 26% 的支出都會是利息，超過所有其他支出項目。難怪傳聞愛因斯坦說過「複利是宇宙最強大的力量。」

淨值考量

「淨值」是另一個比「利息」負擔更嚴重的問題，不僅影響美國，更攸關世界經濟榮枯。債券的數學很簡單，利息下降，淨值就上升 ❶❻，過去 40 年的債券牛市，就是從 70 年代的高利率一路降至零利率的直接結果。相反地，利息上升，債券淨值並連帶所有金融資產的估值就會下跌，尤其從零利率向上升的過程，會跌得特別嚴重 ❶❼。2022 年台灣保險業出現淨值危

美國利率與美債利息支出圖

— 聯邦基金有效利率
— 聯邦政府經常性開支：利息支付

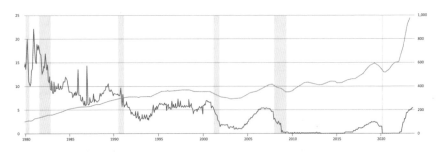

債務愈來愈高的狀況下，若要控制利息支出，利息就必須持續下降。

機，聯準會出現 107 年來的首次虧損，都是升息的連帶效應。

　　如果美元是國際儲備貨幣，那美債就是國際儲備資產，是資本市場的基石，極為關鍵。美國政府借錢的工具在透過全球債務槓桿的放大下，就可能變成能夠摧毀近代資本體系的巨浪，這裡舉三個例子。

　　一、美債通常是各國公共基金與**外匯存底的最大部位**，2021 年底日本為了保衛匯率，急售美債，造成的債市震盪直達地球另一邊的英國，同一天剛好碰上政府宣布推出激進財政政策，英國國家退休基金鉅額虧損並受融資追繳之下，金融市場劇烈震盪，伊莉莎白女王臨終前任命的首相特拉斯剛上任就因此下台。

　　二、美債是**銀行系統最重要抵押品**，其淨值下跌在 2023 年引爆了全球金融風暴以來最嚴重的矽谷銀行破產事件。

　　三、最後、也最重要的是，**美債殖利率是資產估值最重要的參數** ❶。所有房地產、債券、股票計算價值的方程式內都包含美債殖利率的係數，而過去極低甚至零利率則是支撐股市「本益比」* 近百年高點的唯一力量。隨著利息攀升至正常範圍，股市高處不勝寒，也可能跟著回到正常估值。美股 S&P 500 指數的本益比若要回到歷史平均值，就需要從 2022 年底的 3,845 點跌一半，利率不僅會影響債市，還會造成股災與政府稅收問題。

---

*　編按：本益比（Price-to-Earnings Ratio，PE Ratio）是一種衡量公司股票價格是否被高估或低估的指標。公式為用股價除以每股盈餘（EPS）。

S&P 500 指數的席勒本益比 *

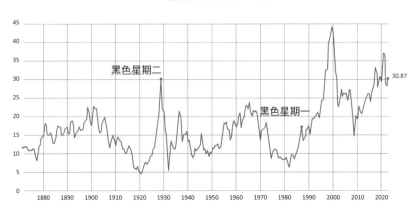

美股 30 年代與 70 年代的「週期調整本益比」約 12 倍上下，2020 年代則接近歷史最貴的 30 倍，部分學者認為與多年的 QE 擴表與零利率政策有直接關係。

用通膨減輕債務

　　著名的美國作家海明威曾寫道：「對管理不當的國家而言，第一種萬靈丹是通貨膨脹，第二種是戰爭。兩者皆能帶來短暫的繁榮，兩者皆能帶來永久的毀滅。」能為聯邦政府解決美債困境的解藥，正是近年讓民怨四起的通膨。通膨雖然會讓老百姓的錢包縮水，並加重財富不均，但對於負債累累的債務人，還款的負擔卻會因為通膨、錢愈來愈薄而降低。歷史上當通膨發生，雖然民怨會上升，但政府的債務負擔卻會減輕。

---

*　編按：席勒本益比（Shiller PE）計算上是以股價除以經調整過通貨膨脹後過去10年的平均收益。相較傳統本益比，拉長對獲利的評估時長並對經濟週期及季節性因素作調整，又稱「週期調整本益比」。

　　我們常認為美國央行停止升息，會是因為抗通膨戰役勝利了，但實際是為了避免引爆全球龐大債務的淨值危機與金融風暴。美國央行是如此，而其他每次升息潮只象徵性跟進一點的國家更是如此，盡量別升息是全球央行一致的默契。

另一方面該升息

　　促使央行升息的動力有哪些？

　　央行的確需要再三斟酌升息的負面效果，但在三體世界，政府還要考慮地緣政治與新科技的影響，反而可能成為支持央行升息（或不降息）的驅動力。

美元武器化更聰明的方法

　　「經濟制裁」算是在 911 後的反恐浪潮下的產物，能不費一兵一卒針對特定人士或集團，又不影響無辜人民生計，因此被認為是較文明、較精準的嚇阻工具，被掌控世界儲備貨幣的美國頻繁使用。不過這二十年來，隨著經濟制裁的頻率急速上升，受制裁對象也愈來愈廣泛，從個人與集團擴散到國家，執行變得困難，尤其碰上俄國等掌控能源原物料的國家，制裁的效果不僅不如預期，更會影響美元作為國際儲備貨幣的中立性，讓那些跟美國有摩擦的國家更提防美元系統[†]。經濟制裁既然已無法達成傳統戰略目的，反而讓對手提高警覺並強化自

---

† 　編按：詳見〈貨幣戰〉與〈中國篇〉。

受到聯合國、歐盟、與美國經濟制裁的國家數 （1960 ～ 2022）[20]

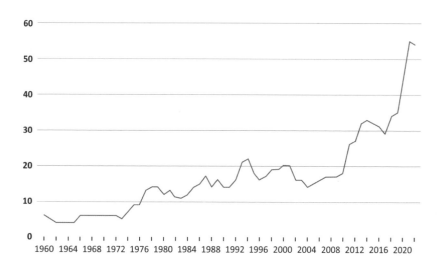

已的韌性時，美元武器化就需要另尋更高明的出路 [19]。

美國財政部長葉倫在 2023 年 4 月曾說：「保障美國國家安全比發展經濟更重要」[21]，在多變的三體時代，貨幣財政政策可能需要突破傳統範疇。

美國若要利用美元系統達到地緣政治目的，從利率著手會是更聰明的方法。上半段有說到美債是國際儲備資產，資本市場的基石，而美債利率是計算所有資產的基準點，各國的經貿金融體系無論是否直接涉及美元交易，都不可避免受到美債利率影響。若中美博弈發展到水火不容的情況時，聯準會大可升息，輕則造成對手經濟衰退，重可觸動系統性危機。就算是傷

敵一千，自損八百，甚至殃及盟友，都是符合超限戰的計算，更何況美國已經有成熟的跨國美元供應機制，能選擇性地對友好國家伸出經濟援手❷。

利率是更高招的美元武器化方法，企業需要對美國可能將利息變成大國博弈工具、衝擊全球經濟做準備。**利率政策已經不完全是建立在傳統經濟學上，CEO 們在觀察聯準會利率變動的時候，不能只靠報章媒體的短線經濟分析，還要考量當時的地緣政治環境。**

升息以因應新科技競爭

新科技也有機會增加升息的可能性。美元系統除了因為赤字與債務造成內部體質問題、地緣政治的貨幣戰產生外部威脅之外，還需要面對如穩定幣、加密貨幣與比特幣等新科技的競爭。在某些角度這些新科技更具優越性，例如比特幣除了有類似黃金的抗通膨性之外，在運作穩定性（無法被破壞）、透明度（任何人都可審視運作）與可預期性（每一天的供給量），都比傳統貨幣更加進步。

貨幣是一種很獨特的發明，若大家都用就有價值，但少人用就可能一夕變成廢紙。若幾年後隨著 Z 世代、阿爾法世代進入社會，愈來愈了解這些新科技，接受度愈來愈高，使用愈來愈頻繁，就會對既有貨幣系統產生嚴重威脅。美元、甚至所有的法幣，將不得不提升自己的吸引力，鞏固使用者基礎，那還有什麼比高額利息更有吸引力的呢？

提升資產負債表的韌性

結論還是回到杜魯門總統的兩難，一方面有不升息的考量，另一方面又有新的升息動機。貨幣政策會往哪走，充滿了不確定性，最終將取決於總體經濟、地緣政治與新科技互相影響的作用力。

在大平穩時代，CEO 們專注於營收獲利，企業收回來的錢就交給銀行管理，國家賺的貿易順差則由央行全權負責儲存。在利率一波一波降、股債一波一波漲的狀態下，四十年來我們很少會去注意資產負債表發生風險的可能性。

但三體世界，最基礎的貨幣系統產生了極大的不確定性，**讓風險更可能發生在 CEO 專注的「接單收款」之後**。企業家**需要更關注資產負債表的細節**，提高專業度與主動性，除了降槓桿、多元化，與涉獵抗通膨的避險資產等基本功之外，還須了解利率趨勢變動已不純粹只有經濟考量，同時善用以上策略與知識在公司的財務紀律上，將存款分散存放避免矽谷銀行擠兌再度發生，**提前降低股匯的投資部位以防重蹈 40 年代覆轍**。

今日的企業霸主很多都是在 1970 年代嶄露頭角的，而 1970 年代的霸主很多都是在杜魯門的 1940 年代起家的。人類經過了無數次停滯性通膨與貨幣系統的更替，每次都讓企業重新洗牌，浴火重生再創高峰，每次都是超級 CEO 大顯身手的機會。

••• 重點回顧 •••

- 升息或不升息都有多重的後遺症，難以兩全。
- 不再升息是因為避免造成債券淨值危機與經濟衰退，不是因為通膨抗戰已經成功。
- 繼續升息不只是為了打通膨，更可以壓制地緣政治上的對手，也是提升貨幣吸引力以抗衡新科技的妙方。
- 利息是強而有力的地緣政治武器，因此 CEO 在觀察利率趨勢的時候，不能只從經濟的角度出發，還要考量當時的地緣政治環境。
- 美元是國際儲備貨幣，美債則是國際儲備資產，兩者都是現代經濟的基石，但美國的債務高漲讓世界經濟與政策走向充滿不確定性。
- 企業在大平穩時代專注在營收獲利，在三體時代則需要更注意資產負債結構的韌性。

第八章

貿易戰只是看熱鬧，貨幣戰才是看門道

「今世之所謂財者，銀耳。是皆財之權也，非財也。
古聖王所謂財者，食人之粟，衣人之帛。」
—— 徐光啟論貨幣本質，十七世紀《農政全書》

　　十六世紀，一位名叫瓦爾帕的玻利維亞探險家在一次冒險中迷途，卻誤打誤撞發現了世界上最大的銀礦。傳說中，他的羊駝在尋寶途中迷路了，為了尋找羊駝，瓦爾帕跋山涉水，晚間在西班牙領地的波托西山區紮營並生起火來。絕望之際，他發現燃燒的火焰竟然照得地面上的岩石閃閃發光，一看才驚訝的發現不只腳下，竟滿山遍地都蓋滿了白銀。

　　當時銀幣、銀錠等已廣泛鑄造流通，世界的交易系統是「銀本位」。隨著波托西銀礦的開發，西班牙帝國得以源源

不絕的鑄造「西班牙銀圓」，成為全球經貿使用的「儲備貨幣」，西班牙也因此成為橫跨四洲、前所未見的軍事與經濟帝國。

　　然而，巨大的財富帶來了意想不到的後果。在發現波托西銀礦的幾十年後，西班牙經濟逐漸難以吸收發行量暴增的銀幣，導致全國陷入高度的「通貨膨脹」，西班牙銀圓因供過於求而貶值，引發物價高漲，社會動盪層出不窮，革命呼聲此起彼落，帝國的財力與軍力也在通膨之下逐漸削弱。

　　當時的荷蘭雖隸屬西班牙，但因信奉新教而與西班牙對立，並長期在如行政、稅負上被刁難打壓。在西班牙面對通膨而焦頭爛額時，荷蘭趁機對其發動貨幣戰，一來偽造大量劣質西班牙銀圓，加速削弱世界對西班牙銀圓的信任，二來更借助新科技創立了新型的全儲備銀行 Amsterdam Wisselbank*，提供航海商人安全可靠的儲蓄方案。我們先把全儲備銀行這個名字記在心裡，後面〈台灣篇〉還會有現代版的討論。

　　這項創新大大提高了荷蘭的國際威望，新的金融收入也被拿來強化海軍實力，並築起八十公里的海防工程，奠定在「八十年戰爭」中擊敗西班牙而獨立的戰略優勢。在西班牙帝國隕落後，海上霸主換人做，荷蘭盾也取代西班牙銀元成為下一個全球儲備貨幣。

---

* 相較於當代銀行可能存入一元後借出十元，「全儲備」代表不利用客戶存款進行借貸，雖然銀行會賺得比較少，但基本沒有擠兌的風險，非常安全。

阿姆斯特丹舊市政大廳

The Old Town Hall of Amsterdam, Pieter Jansz Saenredam, 1657，
現典藏於荷蘭阿姆斯特丹 Rijks 博物館

1609 年阿姆斯特丹兌換銀行（Amsterdam Wisselbank）設立於圖中的舊市政府大樓內，不僅為各地商人的資產提供安全保障，也是荷蘭反抗西班牙爭取獨立的八十年戰爭中的重要財源。此圖繪成後不到一年，荷蘭正式宣布獨立，這棟富有歷史痕跡的建築也將被新的市政大樓取代。

西班牙的白銀優勢反過來成為通貨膨脹的詛咒，給了敵人發動貨幣戰的機會，埋下帝國殞落的種子；相反地，荷蘭在金融創新的精明布局，讓他們逐步崛起，最終取代西班牙成為世界霸主。

前無古人的金融帝國：美國

時間快轉到第二次大戰後，銀本位早被黃金本位取代超過百年，美國超越英國，成為經濟實力最強、黃金儲備最多的國家。美國利用戰勝國盟主之勢，在 1944 年「布列敦森林會議」建立了黃金與美元掛勾的「金本位」制，各國隨時可以固定匯率 35 美元兌換一盎司黃金，美元成為新的世界「儲備貨幣」，全球經濟活動皆以美元為主，而世界「儲備資產」維持黃金不變。

不過，霸主不是那麼好當的。二次大戰後韓戰、越戰緊接而來，美國錢愈花愈快，赤字高築*，但其黃金儲備卻沒怎麼增加，國際盟友對金本位美元的信心因而下降。60 年代後期，法國帶頭開始把手中美元換成黃金，甚至派軍艦將寄放在美國的黃金運回，這個舉動沒想到造成美國國庫黃金吃緊。尼

---

*　二戰後的八年間（1946～1954），美國平均每年財政赤字占GDP比例 0.28%，越戰期間（1955～1975）平均赤字0.87%，上升了近兩倍。當然這些數字跟2008年國際金融風暴至今（2009～2022）的 6.43%是小巫見大巫了。

克森總統於是在 1971 年宣布「暫停」美元的金本位制度 *，美元短暫成為歷史上第一個沒有儲備資產支撐的儲備貨幣，歷史學家稱這個事件為「尼克森震撼」。

　　幸虧時任國務卿的季辛吉化危機為轉機，在「尼克森震撼」的兩年內與沙烏地阿拉伯達成協議，由美國保證王室的安全，但今後石油交易都要以美元計價，沙烏地阿拉伯並同意石油貿易的盈餘將存入外匯存底，並買進美債 †，自此美債取代了黃金成為新的儲備資產。透過這樣嶄新的操作，不僅為美元的經濟價值提供了放棄金本位後的錨定基礎，延續「儲備貨幣」的地位，美國更史無前例地控制國際「儲備資產」。「儲備貨幣」與「儲備資產」雙雙掌控在美國手中，成為史上第一個真正可無限印錢的金融帝國。

東亞出口產品，美國出口美元，
大平穩時代的特里芬結構

　　而在這之後的世界是怎麼繁榮起來的呢？自 1970 年代美元與金本位脫鉤以後，美國經濟模式大改，犧牲製造業而換來美元霸權。美國讓出世界工廠地位，加上消費型經濟的產品需

---

* 「我已指示康奈利部長暫停美元與黃金的兌換機制。」尼克森總統電視演說（1971/08/15）

† 外匯存底，亦稱為「外匯儲備」。為提供國家結清國際貿易、穩定匯率之用的外匯資產，同時具備國家避險及獲利功能。作為各國外匯存底中主要成分，美國國債及黃金扮演重要地位。

美國經常帳淨額除以 GDP 比例

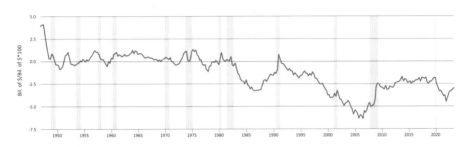

70 年代特里芬結構興盛前，美國是生產大國，少有貿易逆差。美國若基於國安考量將逆差降低，將對順差國經濟會造成衝擊，美元的全球輸出量也會大幅減少。

求愈來愈大，逐漸形成以下模式：東亞製造力高的國家向美國輸出大量商品，賺取貿易順差，累積美元；相對地，美國進口廉價商品的同時，輸出全球經濟運作所需的儲備貨幣美元，出口國再把賺到的美元拿來購買儲備資產美債，進一步刺激美國對消費與進口的需求。這是一個**貨幣供給與貿易成長緊密相扣、對大家都有利的循環結構，JH 發明「特里芬結構」一詞來說明這個現象。**

　　「特里芬結構」是東亞國家過去五十年高速經濟成長的基礎，尤其中國在改革開放之後作為世界工廠賺取巨大的貿易順差，但也使自己受制於美元霸權，面對美元武器化幾無防護能力。因此，中國從 2013 年美國對伊朗進行經濟金融制裁後開始大量購買黃金、停購美債、推動人民幣計價交易原物料、試著推動自給自足的「內循環」經濟，開始去美元化打造貨幣戰

護城河。2022 年的俄烏戰爭則加速此一進程，讓貨幣戰繼貿易戰、科技戰之後成為地緣政治的新浪潮。

俄烏戰爭的另一面：貨幣戰

　　過去幾年，全球高度關注美中兩強之間的貿易戰和科技戰，很少人注意到一場無聲無息、影響更深遠的貨幣戰早已開打：俄烏戰爭不僅是一場實體戰爭，背後更隱藏了一場貨幣戰。就如荷蘭利用通膨對西班牙發動貨幣戰一般，普丁在全球五十年來最嚴重的通膨之際發動戰爭，觸發了西方世界對俄國反射動作似的經濟制裁，凍結俄羅斯央行外匯的存底，總計高達三千億美元。俄羅斯以被沒收的外匯存底為代價，達成兩個戰略目的。

　　首先，凸顯西方貨幣系統的誠信問題：想到辛苦賺來的三千億美元在一個制裁中突然消失，連二戰時中立的瑞士也選邊加入糾察隊，這無疑讓任何有美元資產的國家感到驚恐，並讓人質疑踩地雷的界線究竟在哪 [23]。其次，證明世界可以不用美鈔，但絕對不能缺乏能源原物料 *，仗著這點，盧布並未如西方預測的在制裁後崩解，俄羅斯仍然靠著出口石油、天然氣等能源賺取貿易順差，客戶包括印度與一些跟美國站在同一陣線的國家。

---

* 「建立在真實資產與真實價值之上的經濟，必定會取代建立在虛幻神話機構之上的經濟。」俄國總統普丁演說，詳見〈中國篇〉。

去美元化的趨勢經由俄烏戰爭的催化，從中俄兩國快速地擴散到其他的國家，貨幣戰的號角被吹起。但「去美元化」究竟是什麼？

美國有人跟中國一樣想要去美元化

目前有些國家的去美元化，是避免國際貿易中使用美元交易，減少美國國債在外匯儲備中的比例，以及用本國貨幣為原物料計價等。這些措施並不是為了改變美元的國際儲備貨幣地位，而是把擁有「原物料」、「製造」與「資本」的國家串聯起來，在美元的特里芬結構之外建立無制裁風險的新自足體系[†]。

美國怎麼看這件事呢？例如參議員 Vance 與 Lummis 等這幾年開始呼籲[‡]，建立在美元儲備貨幣上的國際經貿機制，雖然是維持美元霸權的基石，但近年來帶來的好處愈來愈少，而

[†]　美元占全球外匯存底比重從2001年的73%跌至2022年的58%。根據IMF的數據顯示，截至2023/04/10，隨著全球去美元化的動作愈來愈大，且自2022年俄烏戰爭發生後，去美元化的速度是過去20年的十倍。Burgess, M. (2023, April 18) .De-Dollarization Is Happening at a 'Stunning' Pace, Jen Says. *Bloomberg.* https://www.bloomberg.com/news/articles/2023-04-18/de-dollarization-is-happening-at-a-stunning-pace-jen-says?embedded-checkout=true

[‡]　「我們有很多的金融分析師，但卻很少能生產東西的工人……我憂心美元的儲備貨幣角色是始作庸者。」Staff. (2023, March 8). ICYMI: Senator Vance questions chairman Powell on the U.S. dollar's reserve currency status. *J.D. Vance.* https://www.vance.senate.gov/press-releases/icymi-senator-vance-questions-chairman-powell-on-the-u-s-dollars-reserve-currency-status/

副作用卻愈來愈多。因為多年貿易逆差，美國國內勞動密集產業外移，藍領階級就業機會流失，導致貧富懸殊，而身為儲備資產的美債更將借貸成本壓得特別低，使美國社會養成舉債的習慣，變成嚴重的內政問題。川普就是在這樣的背景下以「讓美國再次偉大」（MAGA）口號吸引了對全球化不滿的勞工支持，進而當選美國總統，難怪他要發動對中國的貿易戰。

受到效益遞減影響的不只在經濟面。美元作為儲備貨幣的一大「好處」是讓美國得以對敵對勢力進行經濟制裁，但隨著制裁對象從個人、組織，範圍愈來愈廣，升級到以國家為單位，這個工具的效益愈來愈差，副作用愈來愈大。俄烏戰爭後，俄國盧布並未如專家預期的崩盤，展現令各大智庫都跌破眼鏡的抗壓性，更彰顯經濟制裁對原物料蘊藏國來說無法切中要害，效果有限。

此外，近年來有許多國家不再乖乖遵守 1970 年代以來特里芬結構的遊戲規則。屢破新高的貿易順差不再全部轉成外匯存底，或拿美元去買貨幣戰用的黃金與各種戰略性公司股權，而非美國發行的美債，雖增強了自身的經濟韌性，美國卻再也嘗不到甜頭。美國有些人就想，好處都被這些國家拿走，那自己還為什麼要堅持特里芬結構？

對美國而言更嚴肅的問題，是在本世紀美中兩國全面對抗的霸權爭奪戰中，製造業實力是攸關國安的重要關鍵。俄烏戰爭與以哈衝突，讓美國軍方察覺到美國軍工體系產能的嚴重不足，就是一個很好的例子。也難怪美國要透過立法及產業政策的大舉補貼，逐漸把半導體、電動車、醫材、資通訊等關鍵製

中國、俄國與沙烏地阿拉伯的外匯存底成長 vs 貿易經常帳

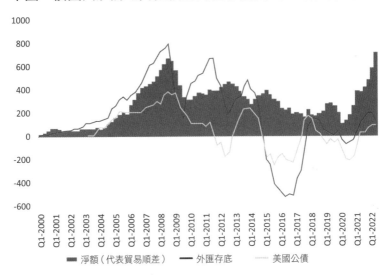

近年來這些國家的貿易順差突破歷史高點，卻沒拿賺到的美元放入外匯存底與美債，違反過去慣例。

造業的生產線拉回美國，範圍將來只會持續擴大。打造生產自主化的護城河要付出相當的經濟代價，世界的美元供給也將因逆差減少而大幅縮減，進而動搖美元霸權，但這已非美國考量的重點了 *。

---

* 2018年五角大廈的供應鏈戰略報告指出，要在未來的戰爭中獲勝，美國需要完整的工業體系。然而，要重建強大的製造業，就必須匡正龐大的貿易赤字。換句話說，就像開採波托西銀礦反而侵蝕了西班牙的國家利益一樣，自1971年以來維持美元霸權的特里芬結構，可能不再符合美國的戰略利益。

跟上國際趨勢，建立貨幣戰韌性

　　大國博弈進入貨幣戰的階段，不只是小國會遭殃，更重要的是，它會撼動包括台灣在內的貿易順差國家所賴以繁榮的「特里芬結構」。當美中雙方為了霸權爭奪都啟動築高牆、廣積糧、深挖河的貨幣戰略時，美國向全球大力輸出美元、輸入產品的傳統經貿結構就被改變了。這種基於國安的貨幣戰，才是美中脫鉤真正的重點，「供應鏈重組」的概念還不足以解析這個問題的深層結構。

　　對台灣而言，過去幾十年來台灣奇蹟所依賴的經濟模式就是建立在「特里芬結構」之上：拓展貿易順差、增加外匯存底，繼而重壓美債，這三個步驟在大平穩時代都順理成章，但一旦這結構改變了，我們怎麼辦？半導體業到美國設廠以協助美國晶片生產自主化，就是這個結構改變的產物。台灣對外貿易順差最大部分來自美中兩國，當美中都有改變「特里芬結構」的誘因時，浪潮只會持續湧來。

　　貨幣與貿易是特里芬結構密不可分的一體兩面，貨幣面而言，持有如黃金之類的硬資產，對提升韌性會有立竿見影的效果，且在企業與個人層面就能執行。大平穩時期的傳統作法，在三體世界具有相當的風險，CEO 需要更積極地進行避險，而在國家的層面，或許也應該思考增加硬資產的比例，增加台灣面對國際貨幣戰的韌性。

　　至於出口貿易面的因應辦法，就需要從調整產業結構及創造經濟新動能著手，在〈台灣篇〉會有更詳細的敘述。台灣在

各國黃金儲備除以貨幣供給歷年趨勢（2000 ～ 2022）

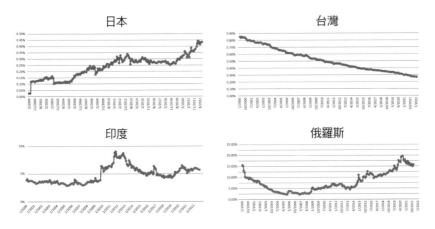

2023 年所面臨的經貿挑戰，有些是出於新冠疫情的紓困紅利開始退燒，有些是因為景氣循環週期的正常反轉，但這些都只是短期現象，大國博弈之下更高層次的特里芬結構改變才是更值關注的趨勢。貿易戰只是看熱鬧，貨幣戰才是看門道，面對這百年變局，如何像十七世紀的小國荷蘭，利用時勢和科技為國家開拓百年基業，將是社會亟需探討和準備的課題。

··· **重點回顧** ···

- 東亞出口產品，美國出口美元，貿易順差再回流到美債，是 1970 年代以來互惠互利的國際經貿機制，我們稱之為「特里芬結構」。
- 美國維持特里芬結構的副作用愈來愈嚴重，基於國安考量，

美國不惜成本推動製造業回流。

- 有些國家的去美元化不是為了取代美元儲備貨幣地位,而是透過連結擁有原物料、生產與資本的國家,建立無制裁風險的經濟自足體系,而俄烏戰爭加速了這個進程。
- 貨幣與貿易是一體兩面。當中美兩方都想改變西方交錢、東方交貨的特里芬結構,台灣幾十年來所仰賴的成長模式就會受衝擊,需要積極且深思熟慮的應對措施。

第九章

美元的多重宇宙——海外美元

「我可以計算出天體運行的軌跡，卻算不出人性的瘋狂。」
——牛頓於 1720 年股市崩盤後感言

十七世紀文藝復興時期，佛羅倫斯的領主斐迪南大公讓伽利略的學生托里切利（Evangelista Torricelli）拿剛造好的水銀氣壓劑，來教堂旁邊給眾人瞧瞧。據說這位大公與神父打賭空氣有重量，以空氣等重的黃金為賭注。當時的人們認為看不見的空氣是沒有重量的，然而托里切利所發明的水銀氣壓計，證明空氣不僅有重量，每一平方英吋還重達 14.7 磅。不知當時斐迪南大公贏了多少，但這重量的黃金現值約 46 萬美元。

世界上還有一個無所不在、不是空氣卻勝似空氣的存在，這不可承受之輕叫做「海外美元」（Eurodollar，亦稱歐洲美

托里切利（Evangelista Torricelli）與水銀氣壓計

隨著城市化的發展，歐洲的匠人發現只要鑿井
超過十公尺，井水就像被無形的重量壓住難以
順利抽上來，這民生問題成為重要的科學問題。
1643 年，托里切利為證明空氣有重量，運用水
銀做出水銀氣壓計，並成功測量出大氣壓力的
大小是 76 毫米汞柱。

元）*。在它被發明以來，就如維持國際貿易與金融運作的氧氣，人們感受不到它的存在，但平均每人肩上卻扛著 6,811 美元†。

劃時代的金融創新，無所不在的海外美元

「海外美元具有『貨幣供給』與生俱來的神祕特質，連最精明的銀行家都不太了解，更何況企業家呢。」[24] 這是美國著名經濟學家彌爾頓・傅利曼（Milton Friedman）於 1969 年對剛誕生不久海外美元的描述，歷久彌新，半個世紀後的今天，大部分人仍沒意識到自己處在美元的多重宇宙中。

海外美元是存放在美國境外的美元，並非由美國聯邦儲備系統發行與管轄，完全靠各地民間銀行自由發行與運作，也因此從來無法確切掌握它的流向與規模。至今，海外美元早已走出原本包含在名字內的歐洲，普及全球，**保守估計至少有 52 兆美元 [25]，將近美債的兩倍之多。而市值超過 1,200 億美元，99% 以美元計價的區塊鏈穩定幣（stablecoin）更是最新加入海外美元的科技生力軍。**但海外美元是怎麼發展出來的？又為何能發展到如此規模？這得從其歷史淵源說起。

二次大戰後美元成為全球儲備貨幣，不僅國際貿易是用美

---

* 雖然翻譯為歐洲美元，但「歐洲」在此指的是海外的意思，不是實際的歐洲。

† Eurodollar的規模至少52兆美元，除以美國外世界人口76億，等於人均6,811美元。

元來「交易」，基於方便與穩定，許多經濟活動例如商業合約的「計價單位」*也都開始以美元為標準，美元成為世界經貿的共同語言。當時的英國倫敦在協助歐洲重建的「馬歇爾計劃」下成為美元進出歐洲的主要窗口，吸引了各國人才。60 年代一位聰明的希臘金融家詹巴納基斯（Minos Zombanakis），在這個地緣政治促成的金融格局中，看到了巨大的需求與完美的環境條件，抓緊機會在歐洲發明了海外美元。

　　海外美元的問世有賴於當時供給與需求雙方面條件的配合。在需求面上，隨著二次戰後的國際貿易與經濟發展，投資設廠、庫存收支等等都要用到美元計價、結算，世界對身為儲備貨幣、計價單位的美元需求也因此愈來愈大。但當時美國仍是貿易順差國，尚未靠特里芬結構輸出美元，加上美元當時仍錨定金本位，不能亂印，造成美元在國際市場上供不應求，企業融資困難。

　　以供給面而言，戰後經濟成長為各國快速累積了一筆不小的美元財富，很多極權國家的權貴❷，對自己的國家與美國都同樣不信任，因此亟需將錢放在國外避險，但又不想要放在會被聯準會管得到的地方，歐洲是當時最合適存放這些鉅額資金的地方。

　　詹巴納基斯的出發點很簡單，何不拿這些美國境外的美元來做銀行的老本行：存款與放貸。客戶每存一塊錢，銀行就聯

---

* 貨幣有三大功能：交易媒介、價值儲存以及計價單位，其中又以計價單位最為重要。

合起來放大幾倍成貸款融資出去[†]，跳過聯準會系統，直接創造新的美元供給；既解決國際上美元短缺的問題、又可跨國支持各地的企業成長[‡]，還可以幫海外美元的存款人賺點利息。這利息的基礎就是耳熟能詳的「倫敦銀行同業拆款利率」（簡稱 LIBOR），2023 年之前是全球美元利率的基準[§]，相信很多商界朋友對它並不陌生。

海外美元奇妙的匯率機制

海外美元的架構在過去六十多年來一直都是去中心化的，隨著各國銀行紛紛投入此類放貸業務，銀行可獨立於聯準會系統之外創造美元，且其規模在全球經濟發展下飛速成長，與國際金融貿易網絡結合得愈來愈緊密，猶如世界經濟運作需要的氧氣。也可以說，早在特里芬結構與石油美元系統成形之前，

[†] 現代銀行系統的基本運作原理：部分準備金制度（Fractional Reserve System）。

[‡] 台塑首筆無抵押的美元貸款即來自海外美元系統。「對台塑而言，此次借貸意義重大。……韓效忠代表的外銀首開先例，毋需抵押品，就貸款給台塑。」李憲章等（2015）。台灣歐洲美元拓荒者：韓效忠平凡中見不凡的人生，頁173。大官文化工坊。

[§] LIBOR 2008年後因為出現弊端，2023年被美國聯準會主導的SOFR利率取代。Federal Reserve Board adopts final rule that implements adjustable interest rate (LIBOR) act by identifying benchmark rates based on SOFR (secured overnight financing rate) that will replace libor in certain financial contracts after June 30, 2023. Board of Governors of the Federal Reserve System. (n.d.). https://www.federalreserve.gov/newsevents/pressreleases/bcreg20221216a.htm

海外美元是無心插柳、奠定美元國際儲備貨幣地位的早期基石。

但這特殊的發明也深刻地影響美元的流通規律，造成美元的匯率與一般貨幣的漲跌機制非常不同。影響匯率的變因很多，但這幾年流行的「去美元化」與「去全球化」兩大趨勢卻同屬推升美元的力量。

匯率的變動是供給與需求兩大變數互動下的結果。海外美元透過槓桿供給美元的機制，長年來滿足世界對美元的需求，對美元匯率有降壓的作用。若世界的經貿運作順暢，企業家賺的錢放回銀行後又能創造更多的美元供給，促進更多的設廠、生產、貿易等經濟活動，形成不間斷的良性循環，全球經貿也會愈來愈熱絡，因此當經濟蓬勃、海外美元金流順暢時，美元匯率更可能偏低。

但相反地，世界若碰上經濟衰退、貿易停滯或中俄推動的「去美元化」與美歐推動的「去全球化」，這個「美元生美元」的循環就會反轉，使境外美元供給收縮，成為美元走強的推力。與此同時對美元的需求可能上升，例如企業面臨去美元化，需要連本帶利償還美元貸款時，就要努力籌措美元。去美元化、去全球化時，美元的供給降低、需求上升，帶來的是強勢美元的惡性循環，而非坊間預期的走跌，跟一般的直覺印象不同，CEO 需要注意。

強美元的土石流

　　為什麼說強美元是種「惡性循環」呢？「債」是其中的關鍵因素。透過前段我們了解，海外美元的誕生是建立在銀行的借貸槓桿上，並非由聯準會發行，因此企業擁有的每一塊錢海外美元，背後都有相對應的借貸契約。這些借入海外美元的海外公司，碰上美元匯率攀升，償債壓力就會變大，對財務造成衝擊。強美元的影響所及，延伸到經濟面，可能造成外國政府與民間企業的債務危機，而債務危機會造成經濟衰退，經濟衰退又會造成美元供給吃緊，供給吃緊又會造成強美元，第一個惡性循環由此誕生。

　　從國家角度來看，當本國貨幣匯率受到強美元衝擊而下跌，為了維持經濟穩定，政府通常會動用外匯存底，拋售美債以支撐本國貨幣匯率，然而，這樣的舉動很可能幫倒忙。2022與 2023 年美元走強，這個情節馬上在亞洲上演 *，因為拋售美債會造成美元債殖利率上漲，造成更多資金外流入美元賺利息，又造成美元上漲的第二個惡性循環，再次增加企業的債務壓力。

---

* 「亞洲各國央行持續動用外匯存底捍衛本國貨幣，抵擋強勢美元，近兩個月動用金額超過300億美元（新台幣9,687億元），使得外匯存底降至數月新低，但仍難以安撫市場或阻止資金外流。」任中原、洪啟原（2013/10/17）。亞洲央行阻貶 動用近兆元。*經濟日報*。https://udn.com/news/story/6811/7509537

外國持有的聯準會美國國債（週平均值）vs 名義廣義美元指數（2018 ～ 2023）

各國央行急賣美債，去美元化，往往會造成美元走強，跟普遍認知相反。

　　多年來，人們已經習慣將美元當作避險資產。每當世界動盪不安，金融市場不穩，就會反射動作似地把資金換成美金來避風頭。因此翻開歷史，我們也能觀察到強美元往往與金融風暴同時發生，是互為因果的現象。這個避險慣性，在上述兩個惡性循環的加乘下，就會成為另一個強美元的自證預言（self-fulfilling prophecy）。強美元之於全球經濟，就如破壞力愈滾愈大的一場土石流，不僅沖毀企業，也帶走國家地基：斯里蘭卡與阿根廷，就是因強美元而陷入債務危機，最好的前車之鑑。

美元升值與全球製造業、貿易和商品價格下跌有關

美元指數與經濟變數在全球金融危機前後的相關性

變數	1/01-12/09	1/10-12/19
全球製造業 PMI（除美國之外）	-0.51	-0.38
美國製造業 PMI	-0.65	-0.42
國際貿易額	-0.69	-0.48
商品價格	-0.82	-0.76

強美元通常跟國際經貿衰退同時出現，甚至落入彼此加乘的惡性循環。

中國（短期）也想要強美元

　　有破壞力的東西就能武器化，強美元也不例外。大平穩時代，因為美元的儲備貨幣地位，美國靠印鈔就能不費力氣地取得全球的資源。而在大國博弈的三體時代，美國更可以利用強美元，抽走如經貿氧氣一般的海外美元，壓迫對手的經濟。如果是美國的對手，超前部屬、順勢而為才是上策。

　　中國自 2015 年開始推動的一帶一路，不僅是為了消化內部產能，更是一個為了因應強美元武器化的地緣戰略。事實上，**一帶一路就是個建立在海外美元系統上的政策，放出去的貸款主要以美元計價** ❷。平常就做生意、收利息，但若美元因為政經因素走強，造成這些新興國家債務違約時，中國雖然會有龐大的財務虧損，但至少能取得能源原物料以及關鍵基礎建

美中家庭負債佔 GDP 與收入比例圖

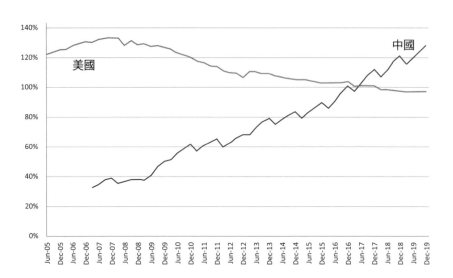

中國的家庭負債佔收入比例已在 2017 年超過美國，抑制國內消費的成長空間。

設的所有權。對於中國而言，戰略布局比賺錢重要多了。

　　這也代表在新冷戰的背景下，中國在短期內反而可能更樂見強美元，甚至會順勢用弱人民幣推它一把＊，因為**美元若走強，有利出口，也符合中國的經濟與軍事戰略考量**。除了一帶一路之外，還有另外幾個原因可以解釋為何強美元、弱人民幣更符合中國的國家利益：

　　A. 如〈通膨〉章所述，身為世界工廠的中國面臨的是通

＊　多弱呢？人民幣兌美元可能需要破10才夠達到中國的戰略目的。

縮、非通膨問題。人民幣貶值有利於出口，不僅能讓國外市場消化國內過剩的產能，更可以打擊競爭者的製造能力。

B. 中國家庭負債比已超過許多已開發國家，且大部分卡在房貸內，人民可支配的薪水很少，造成內需不振 **❷**。為了促進經濟轉型，必須靠降息減輕貸款負擔，而降息就會造成人民幣貶值。

C. 1997 年的亞洲金融風暴其實不是泰國造成的，而是中國總理朱鎔基的「匯改」造成人民幣大幅貶值產生的連鎖效應。在新冷戰與經濟困難的背景下，中國可以借力使力再次貶值人民幣，不僅能達到上述的政經目的，還可能觸發新型態的亞洲金融危機，重創金融槓桿偏高的已開發國家，等同人民幣的武器化。而中國本身因為欠的外債不多，原物料進口也開始降低對美元的依賴，雖然是個險招，但不能排除它的可能性。〈中國篇〉對強美元的另一面，也就是「弱人民幣」的戰略意義有更深入的討論。

恆星膨脹與美元上漲

多年來「中國衰敗論」、「東昇西降論」、「美元終結論」等各種煽動的標題每隔幾個月就會出現在報章媒體，但從海外美元的例子可見，總體經濟的競合機制極為錯綜複雜，並不是一兩句話就能講得清楚。CEO 需要從公司的利益出發，獨立思考，不要輕易被財經新聞誤導，直覺地認為去美元化等於美元貶值，或認為儲備貨幣馬上就要被取代。

　　自海外美元問世後，世界經濟穩定圍繞著美元太陽運行，美元是各經濟體之間的共同語言。然而我們從國中的地球科學課本裡也能知道，看似永恆的恆星，也總有不再發亮的一天。**但對於 CEO 而言美元的結局不是重點，因為它並不是未來一二十年內會發生的事情；對於 CEO 最重要的是過程，因為碰上內憂外患的美元，會如膨脹的紅巨星一般地走強** *，不像一般預期地消風走貶 †，對公司營運會產生立即的影響。

　　空氣、陽光與重力無所不在，然而正因為無所不在，若沒有托里切利這些物理學家，我們難以意識到它們的存在、推論出運作規則，甚至發明出新的應用科技。海外美元也是一樣的道理，CEO 們在認知美元多重宇宙的存在後，**了解美元運作原理，就知道太平盛世代表弱美元，而去美元化代表強美元，看清了趨勢，就能調整公司的外匯財務操作策略，就如成功押注空氣有重量的斐迪南大公一樣。**

---

* 當恆星即將耗盡燃料，塌縮成白矮星、甚至黑洞前，反而會如氣球般劇烈膨脹成紅巨星，先吞噬繞行的行星。

† 匯率跟通膨兩者都是比價，不同的是，匯率是貨幣跟貨幣比價，通膨是貨幣跟黃金、石油、糧食等經濟運作要素的比價。本章是從匯率，也就是從美元與其他貨幣的比價切入。但真要跟硬資產比，所有的貨幣因為通膨，長期只有貶值一條路。

··· **重點回顧** ···

- 海外美元（Eurodollar），亦稱歐洲美元，是不受聯準會監管的境外美元，雖然是美元在全球流動的基本運作機制，卻常被忘記其存在，並往往造成坊間分析的誤判。
- 當「去美元化、去全球化」的風潮興起，美元霸權面臨內憂外患，CEO 就需要為強美元做準備，而非弱美元，跟直覺認知相反。
- 強美元猶如經濟土石流，易滾成惡性循環，並透過美元債務槓桿，對公司與國家造成強大的破壞力，CEO 需注意平衡美元的收支與資產負債部位。
- 強美元符合中國短期戰略利益，可能會順勢用弱人民幣推它一把。

第十章

央行數位貨幣

「二十四世紀的世界根本沒有錢的概念。
人們生存的動力不再是為了變得富有，
而是為了成就更好的自己與他人。」
——尚路克‧畢凱《星際爭霸戰》

　　《馬可波羅東遊記》除了記載了馬可波羅在十三世紀大元
帝國的諸多見聞之外，對這威尼斯大商人而言，「鈔」（也就
是現代所謂的現金）是個很奇異的東西，花了一整章描述，大
意如下：
　　「大汗命人將桑樹的皮剝下，弄成漿糊製成紙，當作銀幣
與金幣。特別任命的官員，不僅在每張紙做的幣上簽名，而且
還要蓋章，紙幣就這樣取得了貨幣的權力，流通在大汗所屬的
國土各處，沒有人敢冒生命的危險，拒絕支付使用。」❷⁹
　　自大汗用造紙科技將硬貨幣升級成全國通行的鈔後，這

中統元寶交鈔，元朝

至元寶鈔，元朝

元代中統鈔（上圖）是第一個由國家正式印刷發行、大範圍流通的紙鈔貨幣，歷經嚴重通膨後，第二次改革發行至元寶鈔（下圖），並禁止紙鈔與金銀間的兌換，正式將紙作為經濟交易活動虛擬化的媒介。

八百年間「現金」基本維持了原狀。直到 2014 年中國設立人民銀行數字貨幣研究所，並在加密貨幣逐漸普及的 2019 年底，宣布在四大都市試點數位人民幣*，才造成了世界各國跟風，爭相研究開發央行數位貨幣（CBDC, Central Bank Digital Currency）†的趨勢，對現金進行數位轉型。

愈來愈多央行推出數位貨幣計畫

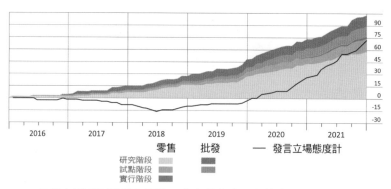

2019 年底中國列區塊鏈為國策，宣布數位人民幣策略，開啟了各國跟進 CBDC 的熱潮。

---

* 從深圳、蘇州、雄安、成都開始，慢慢擴展到其他的城市與應用場景。對中國而言，貨幣電子化是很自然的進程，得益多年支付技術普及與超前發展，民眾出門消費早不必攜帶現金，就連乞討也接受掃碼電子支付，使用感受上更跟支付寶與微信幾乎一樣，因此容易推動。

† 根據美國智庫大西洋理事會（Atlantic Council），至今共有占全球GDP的98%以上的130個國家，正在探索CBDC。 Central Bank Digital Currency tracker (2023, April 18). Atlantic Council. https://www.atlanticcouncil.org/cbdctracker/

金融系統的科技解藥

　　小至銀行的存款餘額、房貸車貸、電子支付買咖啡，大至央行的 QE 印鈔，國貿收支與上章節聊到的海外美元系統，貨幣的運作方式早都已數位化。你我錢包中躺著的那些現金，是現代貨幣系統中剩下唯一未數位化的一小部分。

　　讓貨幣全面數位化，推行 CBDC 的理由很多。號稱央行中的央行，國際清算銀行（BIS）認為可提升貨幣使用效率，反恐防洗錢、促進普惠金融、服務弱勢族群，中國的版本甚至可能做到自動繳稅、精準發放振興金‡等功能，可以說是福國利民，對個人的監控也更上一層樓。但對許多國家而言，推動 CBDC 的誘因除了因為上述 BIS 提出的好處，以及怕在貨幣數位化的浪潮中落後，還有一些其他的必要性。

　　面對穩定幣、比特幣與加密貨幣等新科技構成的競爭，CBDC 是傳統貨幣國家隊需要引進的新科技。此外 CBDC 也可能是解套金融風暴，維持貨幣系統穩定運作的處方。

　　銀行的主要商業模式就是借貸：以客戶的存款為基礎，將其放大幾倍後再貸出，進而從中獲取利差，但這個模式有個罩門，就是擠兌。儘管有「部分準備金制度」應付日常提款需求，但一旦存戶同時間要求提款，銀行就可能拿不出現金還給存戶，導致銀行倒閉。然而，除非遇到極端情況，存戶一般不會將所有的錢提走，但這一切在近年來開始有一點改變。

---

‡　可指定特定消費項目，或者加上過期日等功能。

2008 年的金融海嘯與 2020 年新冠疫情之後，貨幣政策愈來愈激進，央行試圖刺激經濟並避免通縮，開始實驗零利率政策（ZIRP），有許多國家的利率達到了數學和歷史的最低點：零*。在 ZIRP 的環境下，對於存款者來說，將錢存入銀行不但沒有利息，反而要支付管理費，而且動不動又得面對行員的詢問審查，在這種情況下，或許將錢放在家中更為划算。然而，如果大家都這麼做，就會造成「慢性擠兌」，並危及銀行的基礎，CBDC 的討論就是在 ZIRP 的背景下開始出現。

好消息是 ZIRP 並未引發明顯的慢性擠兌現象，相關討論也僅是未雨綢繆。相反的，從 2022 年起，另一個突破歷史紀錄速度的貨幣政策：升息，才是真正引發擠兌的原因。面臨著自 70 年代以來最嚴重的通貨膨脹，央行啟動了急遽的升息行動，加上資訊時代比較利息方便、轉帳更方便，美國人民紛紛開始提領存款，放到利息更高、且方便性安全性都跟銀行差不多的「貨幣市場基金」†，這變相的擠兌，導致 2023 年一些美國銀行面臨倒閉。

CBDC 的海量金流資訊除了有助政府及時控制風險，貨幣流動的速度亦可從程式控制之外，如果以 CBDC 取代現金，將 CBDC 等同存款，那理論上錢就無法從銀行系統內的「存款」提領成系統外的「現金」，進而降低現金擠兌的風險，成

---

* 少數國家甚至突破零利率的限制，出現前所未見的負利率情況。

† Money Market Fund，利息來源主要是短期附息公債與聯準會的特殊補助。

為貨幣系統的科技續命藥。但就如網路銀行造成 2023 年 SVB 等美國銀行倒閉，科技有時會產生意外的副作用，CBDC 也會把貨幣系統推向未知的領域，而屆時在 2023 年那些知道要把錢轉到「貨幣市場基金」的聰明存戶，為了保護自己的儲蓄可能又會找到 CBDC 之外的出路了。

CBDC 的誘惑

取代現金，那 CBDC 是現金的升級電子版嗎‡？其實不然，因為 CBDC 不具有現金的一些特性。

例如現金不附帶個資（anonymous），且所有的百元大鈔都是一樣的（fungible），自古以來良幣的特性是無論誰用、怎麼用，都能維持同等價值。若按照中國版本設計，可徹底追蹤金流的 CBDC 即刻起取代現金，人們很可能會尋找另一個交易媒介，反而造成經濟活動的地下化。

這也是為什麼聯準會首席經濟學家 David Miller 在討論 CBDC 時說到：「問題是防止『誰』取得隱私資訊呢？聯準會的出發點，都基於防止『政府』，防止聯準會等政府機構取得人民的身分與隱私資訊。§」這些關於 CBDC 對民主社會

‡「CBDC 可望成為未來創新的中央銀行貨幣形式……與現金同樣的安全、受信任」。中央銀行（2021/02）。國際間 CBDC 發展趨勢及其政策意涵。*存款保險資訊季刊*，*34*（4）。https://www.cdic.gov.tw/upload/cont_att/34-4-3.pdf

§　CBDC 相較下有更多的隱私問題，但現行貨幣系統在保護個資上也有很大的進步空間。

的影響，超越科技與經濟考量的深層思辨，是美國在 CBDC 開發上躊躇不前、某些州甚至明文禁止 CBDC 的原因。❸ 反觀中國在 CBDC 是全球走在最前面的，科技領先各國至少五年，除了因「可控匿名」❸ 特性，讓政府對所有金流與交易隱私一清二楚之外，更能透過程式自動化，提升財政稅務作業的效率。這些功能對他國充滿誘惑，但對社會全盤監控的設計牴觸人權的理念，CBDC 的發展將會是中美博弈、科技與資本「大分化」的重要角力點。

貨幣戰的臨門一腳

多年來中俄努力串聯「原物料」、「製造」與「資本」三大地緣政治力量，建立於美元系統之外的自足體系，但資本的流通性一直是瓶頸 *。人民幣的國際化進度雷聲大雨點小，資本管制造成中國的「資本帳戶」是關閉的，人民幣出不了國門，在國際市場上不流通，就難以成為貨真價實的國際經貿貨幣。

為了突破這個僵局，中國傳統方法跟新科技雙管齊下。2016 年啟動人民幣黃金計價，2018 年的貿易戰前夕啟動人民幣石油交易，兩項舉動連結最重要的硬資產與能源，就像打通了人民幣對外兌換的任督二脈，變相地開啟資本帳戶。除此之

---

* 這自足體系的另一個瓶頸，是需要「貿易逆差國」吸收中俄聯盟的出口。

三大地緣政治力量

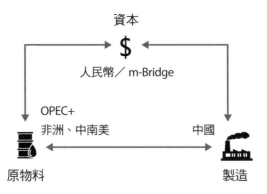

外中國更嘗試以科技解決人民幣國際化的障礙，也就是國際清算銀行 BIS 公開認可且協同推動的 m-Bridge（Multiple CBDC Bridge，多種央行數位貨幣跨境網路）計畫。

相較 SWIFT 因為美國對俄羅斯的制裁而為全世界所熟悉，可能許多 CEO 們還是第一次知道 m-Bridge 這個系統。類似的跨國 CBDC 計畫很多，但 m-Bridge 似乎是目前最成功、也最先進的，幾年後可能是企業在國際貿易上會碰到的支付工具。

　　參與者包括中國人民銀行、香港金融管理局、泰國央行與沙烏地阿拉伯央行，未來其他有 CBDC 的國家也能隨時加入。除了有國內版 CBDC 的優點之外，m-Bridge 能提供即時性的國際清算，還能按照不同國家的「國情需要」，調整數位貨幣的運作方式，監控追蹤、扣押款項都不是問題。相較之下，目前國際通用的美元 SWIFT 系統是五十年前設計出來的古董了，在匯兌的效率與功能上，都遠不及 m-Bridge 系統先

進。

　　過去中國之所以不開放資本帳戶的原因之一，是因為安全感不足。國際支付系統 SWIFT 受美國控制，不僅中國看不到、管不著，資訊被美國掌握，隨時還可能被制裁，是中國不樂見的風險。但透過 m-Bridge，中國對跨國金流也有監視控制能力，如同服了顆定心丸，也許就能安心地讓資本進出。這代表不僅人民幣可從國家較重視的黃金與石油窗口兌換，**隨著 m-Bridge 的發展，民間重視的跨國經貿金流也可漸進、可控地開放，帶動人民幣走向國際化，補上中國在貨幣戰中最重要的臨門一腳。**

充滿未知數的科技

　　若 CBDC 設計得當，提升貨幣效率，促成普惠金融，就能照顧更多被金融系統遺忘的底層族群，無論是偏遠鄉村的小農貸款協助創業，或者移工跨國匯款回鄉而不受層層剝削，於經濟發展與社會正義都會有很大的助益，並創造龐大基層商機。

　　但現金面對史上第一次的科技更新，風險與機會並存＊，

＊　上一次貨幣遇上科技升級已是七百多年前，元朝全面廢銅錢，發行並專用「交鈔」，成為歷史上第一個專用紙鈔的時代，也開啟後來的濫印風潮。元末散曲〈醉太平〉：「堂堂大元，奸佞專權，開河變鈔禍根源，惹紅巾萬千。官法濫，刑法重，黎民怨；人吃人，鈔買鈔，何曾見？賊做官，官做賊，混賢愚，哀哉可憐！」。即是反映此貨幣輕量化卻缺少管理後的社會亂象。

各國 CBDC 都仍在測試階段，不僅對總體經濟的影響不明，它的成敗更因為超限戰，以及競爭的科技而充滿不確定性。對於國家而言比較穩健的作法應該是停看聽，以增強研究量能為先，穩步提升對於 CBDC、穩定幣、比特幣與加密貨幣這些似乎看起來一樣，卻又完全不同科技的辨別能力，並從不同角度探討出監管及發展策略。

對於 CEO 而言，國際貿易用 CBDC 結算，在總體經濟與地緣政治因素的推動下已經是必然的趨勢。無論是數位版的海外美元（Eurodollar）──穩定幣，或者由政府發行的 CBDC，都將是 CEO 們在未來做生意時會碰到的國際支付工具。希望海外美元與 CBDC 這兩章節能協助您了解它們的箇中不同，並在大分化的背景下提早準備、區別不同的資金，謹慎處理。

··· 重點回顧 ···

- CBDC 是能協助穩定金融系統的必要科技，但部分設計理念跟民主體制相矛盾，若拿它來取代現金也可能帶來未知的經濟風險。
- m-Bridge 等跨國 CBDC 科技可以繞過 SWIFT 系統的監控，符合中國及其盟友需求，可協助開放人民幣跨國流通，是中國貨幣戰略上重要的科技創新。
- 未來國際貿易的支付將包括 CBDC 與穩定幣等各種新科技的選項。它們看似一樣，卻迥然不同，附帶的商機與風險也有區隔，值得了解其間差異。

第十一章

大分化

「非我同路者，就是我的敵人！」
——安納金‧天行者《星際大戰》

　　話說天下大勢，分久必合，合久必分。做為一個 130 歲的
老牌企業，柯達（Kodak）想也沒想到，自己的招牌會被這分
化的巨輪壓垮。

　　2021 年暑期，柯達在擁有 84 萬粉絲的 Instagram 帳號分
享法國攝影師 Patrick Wack 在新疆以自家底片拍攝的作品。照
片中，一位維吾爾族老人站在位於烏魯木齊南方的家門，看向
戶外一片荒蕪與寂寥，炎熱的陽光打在身上，拉出了一道長長
的黑影。

　　然而因 Wack 對維族人權的支持立場，並希望透過作品提
高世界對新疆的認識，單純的膠捲藝術詮釋，卻引起大批中國
網民對柯達的撻伐與抵制。一如近年來所有在中國做生意碰上

抵制的國際企業，柯達反射性將照片立即撤下，並發出道歉啟事。

然而事件到此還沒結束，柯達的舉動馬上被中國以外的粉絲發現，其 IG 帳號在數小時內遭到反彈聲浪不間斷洗版，迫使柯達史無前例地宣布社群禁言一個月。世界在敏感議題上走向兩極化的年代，像柯達這樣需要藉網路經營品牌的企業，一張相片的搖擺態度造成行銷上的災難。不論柯達至今將近腰斬的股價與此事件是否有關，這家家喻戶曉的企業早已處在地緣政治的裂口，在言論自由、藝術和企業責任的矛盾間找不到平衡點。

過去企業被動、低調、反射性道歉的指導原則，在大分化的潮流之下似乎不再適用，更可能弄得兩邊都不討好。

新冷戰的產物

「大分化」是中美博弈的產物，隨著不可逆的地緣政治趨勢加深、加廣，並輻射至世界的各個產業角落 **㉜**，形成兩個截然不同的系統，是未來所有個人、公司、產業及國家都需面對的新常態。一如美國國家安全顧問蘇利文在 2022 年在「美國國安戰略談話」中表示：

「中國很主動地……在經濟、政治、國安和科技等領域推進其反自由主義的世界觀……未來幾十年（中美）競爭將在下列版圖最為激烈：基礎科技、網路、貿易、經濟與投資……我們的戰略是在這個決定性的十年中，在這些決定性的場域制訂

（屬於我們的）規則。」❸

公司在公開場合提及在岸生產次數圖（2006 ～ 2022）

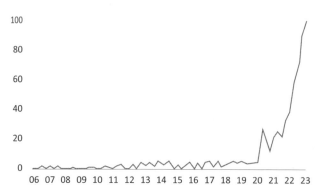

公司在公開場合提及在岸生產次數的指數於 2020 年起明顯提升。

　　不論是 2022 年蘇利文的國安戰略談話，美國商務部推出的《晶片法案》，或是 2018 年川普政府期間沸沸揚揚的貿易戰，其實都不是大分化的起點，中美的鴻溝早在近二十年前就出現。因為「網路長城」＊，海外網路公司無法在中國市場營運，造成全球網路在多年前分裂為兩個系統。

　　但塞翁失馬焉知非福，網路科技龍頭的尖牙股 FANG† 因

＊　編按：中國國家防火牆，又稱「網路長城」或「防火長城」。中國政府
　　透過技術手段監視、過濾境內網際網路，並阻斷其認為不符合法規要求
　　的內容傳輸要求。

†　編按：疫情前最火紅的四大科技公司：臉書（如今的Meta）、亞馬遜、
　　Netflix與谷歌（如今的Alphabet），簡稱為FANG。

為早就「大分化」，成為極少數沒有中國事業版圖的跨國企業，每當中美局勢緊張時，就被投資者視為避風港，如黃金等避險資產一般地追捧；雖然沒有「世界最大市場」的加持，這些公司長年來專注深耕各自的領域，也都成為了舉足輕重的科技巨無霸。

資本的大分化

　　大分化除了發生在台灣切身的貿易及科技層面，以及前述的貨幣戰之外，如能源、文化，甚至「資本」也都開始出現楚河漢界。

　　因應中美關係緊張，不僅中國政府近年來開始「勸說」官員出脫海外資產 ❸，美國也開始限制政府基金持有中國股債，以及在中國關鍵科技的投資 ❸。當美國政府動手上緊監管螺絲，並指控在美國上市的中概股不符合會計法規，不時威脅下市，就算是阿里巴巴、京東、百度等績優公司，也只好加入海歸潮，回上海與香港上市。

　　但回香港並不代表就沒有大分化的風險了，事實上，香港這顆東方明珠自 2019 年反送中運動以來，就成為美中金融戰交火的前線。

　　作為跨國資本樞紐，在香港深耕上百年的滙豐等銀行，一方面必須跟進美國制裁，凍結中港官員的帳戶；另一方面又需因應中國政策，沒收民運人士的資產。一邊要合法，另一邊就可能犯法。為了化解這蠟燭兩頭燒的窘境，大股東平安保險呼

籲滙豐銀行必須分拆重組 **㊱**，這個百年企業也是走上了大分化
一途。

　　**資本大分化的浪頭，也開始打到專注於製造業，金融環境
相對封閉的台灣。**例如 2023 年中國發布的〈境內企業境外發
行證券和上市管理試行辦法〉，只要有在中國營運的台企，
在全球資本市場上的任何公開運作，大至股票上市小至融資擴
廠，都要先向中國官方報備才合法 **㊲**。**CEO 不僅需要注意供
應鏈分化對營運成本的影響 ＊，未來連金流的履歷，都將受中
美兩方放大檢視。**我們該如何因應這個趨勢，甚至將它化為助
力，在後面的〈台灣篇〉會有討論。

　　新金融科技也正在經歷大分化。在美國對比特幣傾向持
開放態度，同時嚴厲監管其他加密資產之際 †，香港卻很有默
契地張開雙手歡迎相關產業發展。由國際上享有清廉與效率盛
名的香港證監會（SFC）帶頭，自 2022 年開始推動一系列的
友善政策，連香港金融管理局（等同央行）的前總裁都擔任了
Web3 加密資產協會的會長，明確顯示中國將積極把香港建設
成科技金融中心。無論是前段提到的穩定幣、CBDC、區塊鏈
或加密資產，只要是傳統美元系統的新科技競爭者，都在香港

＊　在岸生產，友岸外包，集中式大型工廠拆分為多點小型工廠，就是韌性
　　為重、效率為輔的新生產模式，因為成本的上升，過程會產生通貨膨脹
　　的壓力；然而一旦重組的工業化階段完成，各國人人有廠，多餘的產能
　　又可能引發相反的通縮壓力。
†　比特幣與大部分的加密資產（crypto）在結構與營運模式上，幾乎是相
　　反的天秤兩端，因此一些國家的監管策略開始對兩者有區別性。

耕耘拉攏的範圍內‡。

大分化不孤單，還有「一體化」大趨勢

這樣看來大分化的方向是很清楚的了？並不盡然。駛向「大分化」的軌道旁，同時有個反其道而行、將世界凝聚為命運共同體的「一體化」力量。

例如氣候變遷與新冠疫情，是全人類共同面對的全球性挑戰；元宇宙等新科技，正在打破溝通的傳統隔閡，去中心化的交易自由地跨越國界；近期如 ChatGPT 的 AI 發展引爆全球熱潮，一夕間更是成為不分種族文化，大家都試圖學習的全民運動，而 AI 對全人類的衝擊與挑戰，將遠超國與國博弈的範疇，這些都是在科技之下，人類世界一體化的例子。

自二次大戰以後全球各國的總體經濟早已一體化。美元身為世界儲備貨幣、美債為儲備資產，世界各地的生意都有海外美元的影子，加上美國掌握的 SWIFT 支付系統掌控著全球美元交易，造成聯準會的一舉一動，有如天羅地網牢牢捆住世界，不論 QE、QT、升息、降息，每次記者會的隻字片語都牽動著全世界數以兆計的經濟脈動。

---

‡ 「中共自然會試著將香港建立成專業的加密資產中心，政府近期甚至『建議』西方銀行提供服務給香港的加密交易所廠商。」Newman J. & Carty R.(2023, November 22). US dollar dominance is facing a crypto-yuan hostile takeover. *Financial Times.* https://www.ft.com/content/ 39f10121-29ac-4b66-b364-c15bf62e0be9

翻手為雲，覆手是雨，無論各國如何翻筋斗，都難以掙脫聯美國準會的貨幣政策五指山，難怪有人說全世界最有權力的人，不是美國總統，而是聯準會主席了。當全球經濟都聽一人的號令，但他的政策並不一定會從全球利益的角度出發，如「去美元化」的呼聲也想當然會出現，試著突破「唯聯準會之命是從」的狀態。

三體世界，就是以「大分化」與「一體化」為斥力與引力，將國家、企業與人民隨機拉扯靠近，而又忽而拋離的環境，「變動」是這世界唯一不變的物理規則。

又分又合的世界，企業需要建立韌性

政治、經濟、貨幣，甚至社會形態都正在經歷劇變，面臨推拉不定的宏觀巨力，過去的商業模式都必須重新審視，而台灣企業「悶聲發大財」的習慣，就如柯達一例，在三體世界反而可能是風險最高的作法。

面對「大分化」與「一體化」交織的三體世界，除了掌握**話語權，靠有效的溝通降低風險、增加優勢之外，企業也應打好韌性基礎。**

企業韌性是什麼？拿城堡來比喻，古今中外的城堡基本都有三個主要的設計。

一、「瞭望塔」（observatory tower）：登高望遠看清楚，就能夠提早反應。在商場這就是數據、反應速度與提升核心競爭力的新科技。

二、「獨立隔艙」（compartmentalization）：獨立運作的城堡隔間，能降低「單點風險」，就算一區被攻陷，整體還是能繼續作戰。無論是原料、生產、市場或企業結構的多元化，備胎多準備幾個，就不會被多變的政經局勢三振出局。跨國集團近年來開始建置的「持續營運計畫」（BCP）也屬於這範疇，例如設立雙營運總部等，為最壞狀況作準備。

三、巴菲特最重視的「護城河」（moat）：英文諺語「選擇你的戰場」，是在資源有限的狀態下，以護城河減少城堡的「防守面積」，把軍力集中在唯一的入口，就能以寡敵眾。同樣概念在中美博弈的背景下，體現在珍惜有限企業資源，營運「選邊站」，慎選市場的智慧上。

選邊站的智慧

「選邊站」並不僅是迫於新冷戰現實環境的選擇，更是面對利率正常化、資源有限的經濟考量。

商學院都有傳授，公司獲利要成長，就只有兩個方法 *，一個是「提升報酬率」，用一樣的資源賺更多的錢，但 CEO 都能理解，年年提升報酬率是件多困難的事，精進到最後還是會碰到天花板。再來就是「投資增產」，把獲利拿來投入更多的機器、更高的庫存、更積極的行銷，來滿足全球更多訂單需

---

* 獲利成長率＝投入資本報酬率×再投資率（Growth = ROIC * Reinvestment Rate）

求，獲利自然水漲船高。尤其在大平穩時期，資金成本低，營運風險也低，不怕增資擴廠，只怕沒訂單。

但在三體時代，企業無論在何處增產，都有可能讓資源暴露在過去少見的政經風險下；而隨著國際金融環境逐漸由零利率時代走向正常化，資金成本負荷逐步加重，若營運不符預期，可能連利息都付不起。因此，**學習尖牙股，策略性地專注在一個市場深耕，知道「可以做的生意，與該做的生意」不同點在哪、慎選市場的智慧，益發重要。**

要去風險、但不脫鉤？

2018 年美中貿易戰全面打響後，美國對中政策時而激進，時而和緩，讓很多 CEO 們看了也摸不著頭緒。美國政府在兩次供應鏈檢討報告的圈列範圍愈來愈廣，除了關鍵科技之外，連電子代工業集中在中國也被認為是一種潛在風險。然而當供應鏈受大分化趨勢影響而嘗試移出中國時，美國國家安全顧問蘇利文卻強調「去風險」措施並非為了與中「脫鉤」，應明白兩者間的重要區別。

美國財政部長葉倫 2023 年訪中時也說：「美國不尋求與大陸脫鉤，因為中美作為全球兩大經濟體，一旦脫鉤對兩國的影響都將是災難性的。」她更強調「世界之大，足以讓美中共同繁榮」。這句話和習近平在 2023 年 APEC 會議時對拜登說的「地球容得下中美兩國」有異曲同工之妙。葉倫的話才講完，華為發表突破美國晶片封鎖的新手機 Mate 60 Pro，美國

商務部馬上板起臉來祭出新一輪的科技制裁。到底誰說的話算數？說穿了，是大國博弈的得失說了算。

葉倫沒說錯，美中經濟脫鉤對全世界會是一場災難，但這是美國川普、拜登兩任政府採取強硬政策一陣子後，才發現的現實問題。〈貨幣戰〉章節有討論到，當代經貿系統是建立在中國等國輸出產品、美國輸出美元的「特里芬結構」上，中國和冷戰時的蘇聯不同，它深度融入到全球經濟系統中，美中經濟要全面脫鉤目前是辦不到的，而且代價也會是難以想像的大。少了廉價的產品與相對應的美元出口，會讓通膨與強美元的風險雪上加霜。因此美國調整腳步，在澄清不脫鉤的同時也強調要去風險化：在地與友岸生產供應鏈從「中國＋1」進化為「中國＋N」，中國還是在方程式內；攸關國安的關鍵科技戰則出招毫不手軟，只是還是要包裝修飾一下，就叫做去風險化。至於如何定義風險？就是由當事者依照大國博弈的需要而訂，不會像大平穩時期有一套國際通用標準。

宣布不脫鉤也等同承認中國「世界工廠」的角色在中短期內無可取代，尤其在一些如綠能、電池等重要的未來產業上，Made in China 已是不可避免的常態。世界對中國的依賴，在未來一段時間內還是會存在。中國若此時順勢讓人民幣大貶，讓廉價產品進一步橫掃全球，對於各國的產業造成巨大的殺傷力，更可能引發各國財政與金融市場的大地震，使得世界不得不更加依賴中國——這有可能是中國反制「脫鉤」的策略，也是美國在構建「去風險」策略時可能沒有想到的大風險，在〈中國篇〉有更深入的討論。

　　另外，「南方國家」擁有全球多數的人口、土地與天然資源優勢，但它們的需求長期被已開發國家國家忽視，甚至以雙重標準對待。如今這些國家加入中國與金磚國家的陣容，成為地緣政治上不能忽視的新興集團，帶來的自然資源及人口優勢，加上中國的製造能力與多年來對貨幣戰的準備，大幅增加與大國博弈的底氣。在大分化的趨勢下，這些國家在美中之間的抉擇已經愈來愈明顯，將來甚至可能形成另一個國際政治經濟系統——中國版本的「大分化」。

　　因為地緣政治而起的大分化，隨著新冷戰擴散到經濟與科技的各個層面，不論美國過去談的脫鉤、制裁，到現在的不脫鉤、去風險化，都不會是句點，而只是開始！變局會如脫韁野馬一般地加速，經商環境的變動將如柯達的快門一樣，快過任何人的反應速度。這代表 CEO 繼續觀察風向的時間窗口愈來愈小，而主動事先準備的急迫性愈來愈高了。

··· **重點回顧** ···

- 新冷戰造成的大分化，從貿易戰擴散到科技、貨幣、金融、能源、文化等各層面，所有的個人、公司、產業與國家都會受影響。

- 「大分化」還伴隨著「一體化」的趨勢，科技將人們的距離拉近。分與合力量同時存在，一推一拉，對經商環境造成更多的不確定性。

- 大平穩時代，聯準會主導的美元機制造成全球財經的一體

化，但是近年來極端的政策，以及美元的武器化，促使一些
國家嘗試建立替代方案，逐漸促成財經的大分化。

- 面對資金成本上揚，地緣環境不穩的三體世界，企業可利用
  新科技、多元化與慎選市場來建立韌性。

- 西方國家 2023 年開始意識到去中國化的困難度，因此改口
  「去風險但不脫鉤」，將專注力放在強化供應鏈韌性，以及
  保衛本土產業上。但無論是不脫鉤或去風險，都不能改變大
  分化的趨勢。

第三篇

產業科技篇

大爆炸（Big Bang）

Source: AI 生成

第十二章

AI是什麼

「別溫順地走入那漫漫長夜
暮年更當向日落燃燒咆嘯
怒吼,怒吼抗拒天光消逝」
——電影《星際效應》中,布蘭德教授吟誦狄蘭·湯瑪斯名作,
作為人類文明與時間搏鬥的註腳

　　2016 年 3 月,前所未有的興奮與期待氣氛充滿了韓國首爾。全世界的目光集中在一場圍棋對決上,賽程光在中國就有兩億八千萬人次連線觀看 ❸❽:由世界圍棋亞軍,南韓棋王李世乭代表人類,對戰甫開發滿一年、名為 AlphaGo 的人工智慧(AI)。這場比賽的重要性不言而喻,因為它將挑戰人們對於電腦極限的認知。

　　相傳由堯帝發明的圍棋,自兩千五百年前的周朝流行至今,遊戲規則簡單,但千古無同局,橫豎十九路的棋盤上,卻

能變幻出無限棋路，常常對弈到最後關頭才能看出優劣輸贏。圍棋的複雜性與模糊性，使很多人認為要成為頂尖棋手，需要神來一筆的靈感，電腦九十九分的計算，難以勝過人類的一分智慧。因此在 AlphaGo 與李世乭的對決之前，普遍認為電腦在百年內無法在圍棋上勝過專業棋手。

這樣的共識在短短一局內就被打破。隨著 AlphaGo 的棋一步比一步創新、一局比一局難以捉摸，後來被封為「阿狗流」的第二局 37 手甚至完全違背圍棋常識*，在為期七天的對弈中，世界瞠目結舌地見證 AlphaGo 五戰四勝的壓倒性勝利，劃下 AI 歷史重要的轉捩點。AlphaGo 的棋步太過出神入化，賽後甚至有人開始懷疑，人類過去幾千年來或許從來不曾了解圍棋該怎麼玩！

從那一刻開始，各地的棋手開始從 AI 身上學習更高竿的技巧，大幅地提升了專業圍棋的水準；也從這一步開始，AI進入人類社會，走出無限種可能。

AI 是時光機

AI 如何勝出，讓圍棋與電腦專家跌破眼鏡？沒有訣竅，全憑練習與熟能生巧：AlphaGo 在虛擬空間內跟自己下圍棋，

---

* 「在李世乭眼中，37手的阿狗流，表現出了圍棋棋手所說的『直覺』，一種讓它能以像人類一樣的方式，甚至超越人類的方式下出優美棋局的能力。」Vista看天下（2017/01/04）。AlphaGo的謎之第37手：人類曾經最艱難的一戰。每日頭條。https://kknews.cc/sports/965oax5.html

棋路品質分析圖

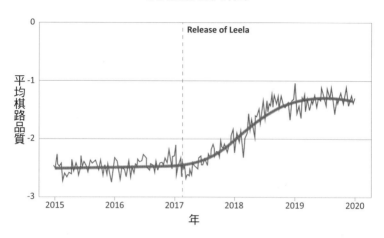

2017 年以 AI 為對手的圍棋遊戲軟體發行後，成為圍棋界重要的訓練教材，研究顯示運用 AI 能明顯提升棋手的技能，尤其對年輕棋手的益處特別大。❸❾

左右互搏，在短短的幾個月內練了等同上萬年的圍棋，這是受生命限制的人類永遠無法達到的。

　　模擬人腦的 AI 相較於人類的思考方式差異不大，學習圍棋的方式也跟小學圍棋社的小朋友一樣，就是練習再練習。然而就如我們常聽說的，任何人若能在一個專長上鑽研練習一萬小時†，就能成為專家，AI 僅是將這簡單的法則執行到極致，

---

† 任何人做一件事，只要經過一萬小時的錘煉，都能從普通人變為某一領域的頂級人才。作家麥爾坎·葛拉威爾（Malcolm Gladwell）在《異數》（Outliers）一書中指出：「人們眼中的天才之所以卓越非凡，並非天資超人一等，而是付出了持續不斷的努力。一萬小時的錘煉是任何人從平凡變成超凡的必要條件。」

練習一萬年。因此，AI 與人唯一不同的地方是練習時間；更直白地說，AI 真正的顛覆性革新，是突破「時間」的制約。

AI 的關鍵科技基礎，GPU 的主要生產商輝達創辦人黃仁勳早在 2009 年、人們都還看不懂他的布局時，在一次電視訪問中就描述得很清楚：「似乎一切都變成有可能的了……怎麼說呢，無論是製圖、電影、拍攝，或者是從醫生與科學家角度來看，突然間電腦不像電腦……基本上『時間』被壓縮了，或者應該說我們創造了時光機。」❹ 人類得到了時光機而不自知。

媒體直覺地拿 ChatGPT 與 Google 搜尋引擎做比較，卻得不出個滿意的結論；企業把 AI 搭上傳統 IT 架構做數位轉型，至今也成敗參半。種種將 AI 套入既有框架的反射動作，代表人們尚未意識到眼前是一台前所未見的「時光機」。AI 在遊戲上的運用僅是牛刀小試，卻能看出威力與應用無窮，意義不下於遠古人類發現火：看似簡單，卻能影響全人類的未來，重要性高過先前篇幅討論過的地緣總經巨變。

AI 是遊戲的獨孤求敗

除了圍棋，多年來 AI 一直都在南征北討各種不同的遊戲寶座。

2011 年 IBM 開發出人工智慧系統 Watson，是 AI 發展到能理解人類自然語言的里程碑，在美國著名的智力應答節目《Jeopardy》抱回百萬美元冠軍獎金；《德州撲克》作為一

款以捉摸人性為核心的遊戲，卡內基美隆大學研發的 Libratus AI，卻早在 2017 年就打贏四位頂尖世界級牌手，它獨特的壓注手法更被人類學了起來，成為近年比賽常見的策略 **④**；2019 年 AlphaGo 的同門師弟 AlphaStar，則專精於美國海軍拿來當教材的戰略遊戲《星海爭霸》，僅靠 14 天的自我練習，累積相當於人類玩兩百年的實戰時數後，就完封世界電競排名冠亞軍的職業選手。

凡是有規則、有獲勝條件的遊戲*，AI 就能運用其時光機的特性苦練千萬年，在與人類的對決中屢戰屢勝。AI 的不敗戰績隨著時間累積愈來愈多，若它有情感，大概也會像金庸小說唯一始終天下無敵的角色——獨孤求敗一樣感嘆：「無敵於天下，乃埋劍於此。嗚呼！群雄束手，長劍空利，不亦悲夫！」

事實上任何「遊戲」的本質，都是源自於圍棋的「博弈」這兩個字。世界上還有什麼是博弈呢？地緣政治是博弈，戰爭也是博弈。

AI 是超限戰的最強之矛

2022 年來美對中發動的晶片戰爭眾所皆知，台灣更是位居烽火最前線。美國急於防止中國取得頂尖晶片的原因，不僅

---

*　但AI面對純粹建立在算力上的加密技術就無用武之地，比特網絡的Proof of Work（PoW）資安機制為一例。

是因為先進武器內都有無數顆晶片，更重要的是 AI 會是未來參與作戰的軍師之一。毛澤東曾言：「武器是戰爭的重要因素，但不是決定因素」，戰略才是，**神機妙算的 AI 有沒有加入國防團隊，將會是未來戰爭決定勝負的關鍵。**

AI 在戰爭的應用也已經不是科幻小說情節，中國的 AI 正以超越人類三百倍的速度設計下一代戰艦，而美國軍方也已成功測試 AI 駕駛試飛 F-16[42]，並在戰爭沙盤推演訓練中引進 AI 當參謀[43]。AI 不只在實體戰爭中能發揮作用，在超限戰的虛擬世界更是活躍。

舉三個例子：一、社群軟體的 AI 能依不同對象，精準客製緊扣人心的內容，在中國能激勵下一代學習，卻也能讓國外的青少年沉溺於玩樂。二、像 Deepfake（深度偽造）這樣的 AI 影像合成技術，能讓你我在視訊時輕鬆變裝換臉，增添樂趣，卻也讓網路影片變得真假難辨，混淆視聽。三、元宇宙內的「非玩家角色」裝上 ChatGPT 等 AI 語言模型[44]，自然聊天帶給人的沉浸感不亞於使用 AR/VR 裝置，但同樣的技術也能寫出大量文情並茂的釣魚簡訊，成為治安與資安的漏洞。

在數位虛擬世界早已成為人們生活核心之一的時代，光是利用這三種預測操縱、生成影像及自然對談的 AI，就能改變國家人民的認知，煽動矛盾與衝突，甚至影響選舉。在 AI 發展初期的今天，用於地緣政治博弈的花樣就已經這麼多，未來的挑戰將更超乎想像，社會各界都需要有準備。黃仁勳說 AI 的 iPhone 時刻已到來，更正確的說，是 AI 的原子彈時刻已到來。[45]

中國 AI 戰略欠缺的東風：晶片

在戰場上誰能駕馭 AI，誰就握有最強之矛，足以扭轉大國博弈的戰略平衡。因此美國下定決心對中國在晶片上堅壁清野，扼住其在 AI 發展中最脆弱的一環，晶片戰爭也只會愈打愈凶。

驅動 AI 的原料有三：晶片、能源，與數據 *。

《經濟學人》雜誌 2017 年封面稱「世界上最珍貴的資源是數據」，在法規推動下，中國的政府部門與民間企業長年收集海量數據，加上為配合近年來的科技業整頓，數據更是只進口、不外流，因此中國手上的數據量可能比其他國家更多。

中國也不缺電力，在主席習近平的「全國一盤棋」能源安全指示下，新舊能源同步發展，部分偏遠地區甚至有發電過剩而「棄電」㊻的現象，這些多出來的電力正好能支持 AI 數據中心的龐大能源需求。

高階晶片是中國發展 AI 過程中，唯一完全仰賴進口的要素，因此美國將持續抓緊這唯一的弱點不放，繼 2022 年《晶片法案》後仍持續祭出一系列政策㊼，圍堵對手取得 AI 關鍵零組件的機會。

---

* AI的第四個基石是演算法，為內部研發產生，非來自外部的原料。

120 年來摩爾定律的發展趨勢

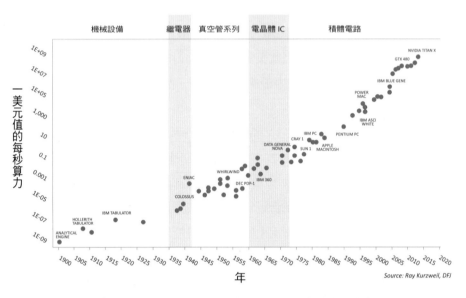

圖為價值以美元計的每秒算力成長趨勢圖，上百年來皆遵循著摩爾定律指數性上升，近期在 GPU 從 CPU 接棒後，甚至有加速的跡象。算力對 AI 的發展至關重要，而算力就是晶片乘以能源的積數。

停不下來的新冷戰競賽

　　在科幻故事中，時光機往往扮演關鍵角色，例如經典的《魔鬼終結者》系列，阿諾‧史瓦辛格飾演的 AI 機器人與每一集不同的對手都要穿越時空，回到過去對決，無論正派與反派、天使與惡魔，都要用到時光機，利用它無比的力量達到目的。然而現實比電影更瘋狂，AI 跟時光機畫上了等號，虛構

情節則跨出螢幕成為地緣政治的現實，AI 演變成大國博弈的兵家必爭之地，在未來也將決定新的經濟分水嶺，社會與產業隨之大洗牌。

2023 年初，特斯拉 CEO 馬斯克與多位科技業重量級人物，連署呼籲暫停最新型的「生成式 AI」研發＊，多年來每隔一陣子專家學者也都會發出 AI 取代人類的警告，害怕《魔鬼終結者》中的「天網」變成現實，科技走向摧毀人類文明的道路，但 AI 的發展步伐卻從來沒停頓過，為什麼？

「因為停止（研究 AI）純粹只會讓中國受惠。」谷歌前總裁、現任五角大廈國防創新委員會主任的艾立克・施密特（Eric Schmidt）說道 ❹。對於任何國家而言，**明天對手取得 AI 時光機的實際威脅，遠比未來 AI 與人類對決的理論性威脅更緊急。**

時代已經變了，這是個一切都會受地緣政治影響的三體時代，而不是科技純粹只是科技的大平穩時代。

AI 對人類文明的風險絕對不是無稽之談，但就像小說中「武林至尊，寶刀屠龍」，無論黑白兩道，愈強大的力量就愈多人追求。**時光機般的 AI，是跟「原子科學」同等重要的曠世科技，在三體世界內跟新冷戰相互作用之下，就會變成新的核武競賽，世界上的各路勢力都會想要擁有，也都會傾全國之**

＊「包括馬斯克和圖靈獎得主Yoshua Bengio在內的多位科技高管和研究人士簽署公開信，呼籲實驗室暫停開發比GPT4更強大的AI系統。」Seetharaman, D. (2023, March 30). 馬斯克和一些專家呼籲暫停開發更強大的AI系統. *The Wall Street Journal.* https://tinyurl.com/2p9dkre9

力下去開發。落後的風險太大了，沒有一方會願意放慢腳步。但 AI 的地緣政治意義可能比原子彈更加複雜，因為從超限戰角度來看，AI 在極權國家手中能釋放出來的破壞力又更大。

　　絕大多數人們受到道德與信仰的薰陶，對戰爭與地緣政治的黑暗面少有著墨，所知其實不多。眼中只有達成任務為目標的 AI 卻不然，練習判定疾病拯救性命，跟練習創作假訊息，沒有什麼差別，也因此 AI 在滲透社會網絡、操縱人性的認知戰的功力讓人瞠目結舌 *。在這種狀態下，民主國家只能盡全力地抑制專制政權的 AI 發展，並腳踩油門儘量加速拉開距離。這個思維彰顯在美國 2022 年《晶片法案》的設計，一改過去維持一兩個世代的領先幅度的原則，提升為掐咽喉（choke point）的策略。❹

未來世界的分水嶺

　　AI 世界，不進則退，有無 AI 將會是世界上最遙遠的距離。

　　AI 因為能突破練習時間限制，擁有時光機般的力量，不僅成為遊戲中的獨孤求敗、超限戰中的最強之矛，它的能力也

---

* 臉書研究顯示，2022年在其平台上被發現的認知戰帳號中，有三分之二是利用稱之為「GAN」的 AI 技術運作，而2020年時該技術運用仍極少。Nimmo, B. (2022, December 15). Recapping our 2022 coordinated inauthentic behavior enforcements. Meta. https://about.fb.com/news/2022/12/metas-2022-coordinated-inauthentic-behavior-enforcements/

會在軟硬體成長加持下，持續突飛猛進[†]，成為社會、企業與下一代的分水嶺。

目前看到的 AI 應用只是皮毛，就像 90 年代時我們無法預測網際網路的最大用途，現在也不能確定 AI 以後會往哪發展。確定的是，在 AI 已經稱霸的領域，只剩下 AI 與 AI 之間的競爭，AI 的水準就是新的品質標準；而在 AI 初試啼聲的領域，企業與國家只能趕緊跟上腳步做功課、研發，試著成為下一波的造浪者，塑造對自己最有利的發展趨勢。**除非晶片、能源、數據三大 AI 要素出問題，AI 的進步及擴散不會停止。**

對於企業而言，AI 產生的賽局問題跟國家相似：選擇暫緩研發 AI，就是讓出超車空間給不懈耕耘 AI 的對手，且這車距可能因為超前的跑車上裝上了時光機，落後者將永遠趕不上。這也代表永遠都會有更多人、公司與社會投入資源，鑽研這時光機的使用方法，而在擴散到一定程度後，對個人及企業而言將會是**如高中學歷、公司網站一般，會使用 AI 將成為最基本的「標準」**[‡]。

AI 所造成的大分化，才是真的令人憂心的大分化。AI 時光機能釋放人類的潛能，打破大平穩時代的各種傳統壁壘，讓

[†]　硬體面，有GPU從CPU接手的新摩爾定律（又稱為黃定律、黃仁勳的黃）；軟體面，AI接手大部分的程式撰寫工作，進入AI生AI的狀態。這兩個加速效應又會互相加乘，未來科技與科學的進步速度難以想像。

[‡]　想像一下，美國有沒有可能掐住中國晶片研發的咽喉，就不再忌憚中國的追趕而在AI發展止步不前？ 或者一家企業，靠AI大幅取得成本及產品優勢後，聽說AI有風險就會跟著同行暫停使用AI？這顯然並不現實。AI世界，不進則退。

小國、小公司與世界各地的人才有新的機會，但 AI 同時會豎立起新的社會階級分水嶺，後面章節會有更多的敘述。但對於尚未掌握駕馭 AI 這台時光機必需的「英文對話」及「使用數位工具」能力的企業、社會與下一代來說，達不到「AI 標準」將讓他們在不斷加速的競爭中難以翻身。

AI 與 AI 的競爭

回到開頭的故事，在戰勝李世乭後，AlphaGo 背後的開發團隊 DeepMind 持續不懈將 AI 推向更快、更強、更有智慧的極限，接著開發了次世代的 AI，叫做 AlphaZero[*]。AlphaGo 如人類棋手一般，學棋需要先看過大量棋譜，才能融會貫通，開始左右互搏的練習。但 AlphaZero 就不同了，只要設定規則與勝利條件就能自動開始，不需要考古題，全靠自己出題、自己解題。

重點不在於它怎麼練，而是比賽成績如何呢？在 AlphaGo 戰勝人類的一年之後，2017 年，面對只練功三天的同門師弟 AlphaZero，竟然慘敗。或許人類師兄弟之間還會給點面子，放水幾局，但 AlphaGo 竟在 AlphaZero 手下連敗一百場！AI 與人類比賽的時代可能已經接近尾聲，而未來各種領域的對決，包括地緣政治與總體經濟，以至於基礎科學的發現，甚至

---

[*] AlphaZero有多個版本，在此指緊接著AlphaGo後研發出來的AlphaGo Zero。

戰爭都可能將是 AI 與 AI 間的比拚。在這奇異的新世界，人類該怎麼辦？

　　AI 之間的競爭，就像武俠小說中絕頂高手比武，一呼一吸間招式盡出，凡人只聽得最強之矛鏗鏘碰撞之聲，眼睛跟不上，也參與不了。《倚天屠龍記》的覺遠和尚說：「一枰袖手將置之，何暇為渠分黑白？」愈來愈多人會跟 AI 導師見習，急速升級自己的能力，並超越人類競爭者，而不需執著要跟 AI 比個黑白高低。CEO 您是否也會是 AI 門下的其中一位學徒呢？

··· **重點回顧** ···

- AI 是時光機：AI 學習的方式與人一樣靠熟能生巧，但突破「時間」的制約，任何任務都能在短時間內累積長年經驗，成為高手。

- AI 是最強之矛：有規則，有勝利條件的博弈，AI 就能打贏人類。地緣政治是博弈，戰爭也是博弈，AI 就像新冷戰的核武，足以改變戰略平衡，因此美國必須避免中國取得 AI 的關鍵零組件，中美晶片戰爭只會惡化。

- AI 是新分水嶺：AI 發展不會停止，並成為未來公司與個人能力的基本標準，決定競爭成敗，因此 AI 世界，不進則退。

- AI 與 AI 的競爭：未來各種領域的對決，包括地緣政治與總體經濟策略、或新科學的發現，抑或戰爭，都會是 AI 與 AI 的較量。

第十三章

AI怎麼用

「飛機是有趣的玩具，但沒有軍事價值。」
——第一次世界大戰法國陸軍統帥費迪南‧福煦

　　1941 年美國陶氏化學公司的科學家，在一次實驗中意外地將常用的聚苯乙烯膨脹四十倍像海綿一樣，保麗龍（Styrofoam）因而誕生。

　　面對這奇妙的材料，人們一開始並不確定該拿來做什麼用。除了因為有浮力，在二次世界大戰中當作救生衣填充物，拯救無數水手的性命，美髮業還看上它的「可塑性」，拿來當「styro」（有型的諧音）的頭飾。直到二戰後人類才發現保麗龍的真正用處是做成箱子，利用「foam」（泡沫／海綿）的「輕量、隔絕、防撞」特性，解決了食物供應鏈最難處理的耗損問題，成為早年食品貿易不可或缺的助力。

　　AI 跟保麗龍初期的遭遇很像，都是人類先發明出來，才

探索該怎麼用。尤其是 2022 年底隨著 ChatGPT（簡稱 GPT）的問世，席捲全球的「生成式 AI」更是如此。

　　2022 年是生成式 AI 元年，未來的歷史學家可能會認定它為人類史上最重要的轉折點。上一章的 AI 專注在博弈的取勝，而「生成式 AI」不太一樣，它有創意，追求的則是作品的美感，並沒有一定的正確答案。生成式 AI 能依據輸入的文字或其他材料生成文字、圖片、影像、音樂、程式等各種創作內容，因為上手容易，且能做的事跟辦公室的工作差不多，研究證明光 AI 元年發布的 GPT3.5 就能提升白領三至六成的工作效率，並大幅提升產出的品質 **❺⓪**。

　　GPT 是生成式 AI 中的領頭羊，風行全球，達到一億用戶的速度遠超所有社群軟體。2023 年新版的 GPT4，無論是在美國大學學測 SAT、研究所考生的魔王 GRE，甚至律師證照考試中，表現都優於八至九成考生，可謂全才學霸 **❺❶**。

　　大家本來對 AI 就有聰明與學問淵博的期待，但更讓人驚喜的是**生成式 AI 具有創意，優於九成的人類 ❺❷**。對於企業而言，這代表 AI 不僅能幫忙處理修改郵件這種簡單瑣事，還是個能一起深談、合作共創的夥伴，在國外更曾實驗角色互換，讓 GPT 當老闆，不論是產品發想、網站設置，還是行銷策略、廠商談判等都是由 AI 決定，而人類作為其「下屬」，純粹負責執行老闆的指令 **❺❸**。

　　既然生成式 AI 有這麼多功能，那為何 GPT 常常被報導說捏造事實，或被批評沒有谷歌好用？因為大家用 GPT 的方法錯了，就像前人誤將保麗龍當帽子戴一樣，當然又熱又不實用。

2023 年 GPT4 生成式 AI 的考試成績單

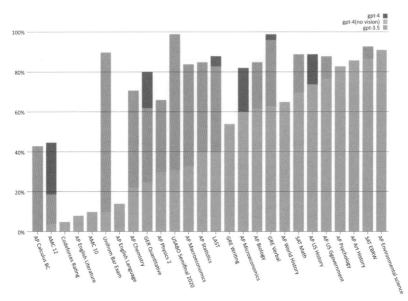

GPT4 在各類的文理數考試名列前茅，超過絕大部分考生。這麼聰明全才的夥伴，公司是不是該趕快請進來幫忙？

　　如上一章提到的，AI 這個劃時代的發明，跟其他科技不同，使用的思維當然也會不同。絕大部分企業都能用到生成式 AI，但要怎麼用？以貿協推動應用 AI 的經驗與近年的研究為參考，從三個角度分享一些淺見：溝通、營運與商業模式。

一、溝通：把 AI 當人一樣互動

GPT 純粹是個能了解並產生文章的「大語言模型」，然而不知怎的 *，在訓練的過程竟然獲得了創作的能力 †。過去人類是唯一有創作力的物種，是孤獨的，但隨著如 ChatGPT（文字）、MidJourney（圖片）、Runway（影像）等生成式 AI 問世，我們終於有個能一起創作的智能夥伴。

貿協主辦的 Computex 2023 是個很好的例子，開場影片的腳本、視覺、影片、甚至音樂，都是跟 AI 合作共創，過程不僅省時省力，成果也是充滿新意。AI 協助呈現的開幕典禮讓人眼前一亮，也提升了台灣大眾對 AI 潛力的認識。

生成式 AI 不論優缺點都跟人相似，反倒比較不像電腦。GPT 能跟人討論出有趣的行銷策略、寫出活潑的廣告文案，但要它列出台北排名前十最好吃的餐廳，卻往往有五個是憑空捏造來的，可見 AI 不懂裝懂的行為也跟人一樣（但這 AI 妄想

---

* 「大型語言模型（LLMs）在各種領域和任務中表現出驚人的能力，挑戰我們對學習和認知的理解……除了精通語言之外，GPT-4可以解決涵蓋數學、程式、視覺、醫學、法律、心理學等新穎且困難的任務，且不需要任何特殊提示的幫忙。」Bubeck, S., Chandrasekaran, V., Eldan, R., Gehrke, J., Horvitz, E., Kamar, E., Lee, P., Lee, Y. T., Li, Y., Lundberg, S., Nori, H., Palangi, H., Ribeiro, M. T., & Zhang, Y. (2023, April 13). *Sparks of artificial general intelligence: Early experiments with GPT-4.* arXiv.org. https://arxiv.org/abs/2303.12712

† 蘇聯心理學家李夫・維高斯基認為語言在兒童心智發展中佔有主導的地位，可以說語言可能是人類智慧的來源，因此LLM有可能在學習語言的過程中，從它的結構與規律中建構出類似智慧的能力，例如創作力。

症隨著科技進步，正在急速改善中）。這些過點時間就會解決的小缺點，不該是企業去鑽牛角尖的地方。

企業該專注的，是將 GPT 之類的生成式 AI 當作一位學問淵博、有創意且愛發表意見的新同事，適才適用，交辦給他適合的工作內容。職場上的溝通非常重要，這點在 GPT 身上也適用，把它當成搜尋引擎一般打關鍵字，如「電動車企業排行前十」，完全是大材小用。

能讓 GPT 秀出真功夫的，是像人與人之間一來一往、自然、包含細節的對話，例如：「你是位對電動車深度了解，且精通汽車產業競爭史的企業策略分析師。歐洲車廠面對中國電動車競爭壓力，他們希望能從你這裡得到一些獨特且創新的策略建議。請問你認為應該從哪些角度切入來討論反制策略呢？」

接著，我們能從它的回覆繼續鑽研下去，或甚至反駁 GPT，看它怎麼回應。過程就跟開會一樣，但不同的是這位新同事不僅知識淵博，遠超過你身邊所有的人，還有著專業素養，每個問題都會全力以赴，就算問它笨問題也不用怕被笑。

與 AI 溝通的能力台灣翻作「詠唱」，英文叫做 Prompt，讓 AI 知道你在想什麼，好協助你。好的詠唱如同掌握啟動時光機的鑰匙，OpenAI 創辦人預測詠唱將會是 AI 時代最重要的職場技能，而所謂「AI 詠唱師」這一年前尚未出現的職業，如今在美國的年薪高達三十萬美元。

詠唱是一門值得鑽研的學問。「一分詠唱，一分收穫」，愈完整的問題，愈深入的對話，愈能發揮 AI 的創意與潛能。

這就像印度古老的舞蛇藝術，吹得旋律愈動人，蛇跳的舞就愈精彩，吹得不好，蛇就無精打采。

此外 GPT 像是外籍員工，英語是它最擅長的語言。中文詠唱的效果會大打折扣，而且英文與中文回應的品質差距，隨著 GPT 版本更新不僅沒有改善，似乎還愈差愈遠。所以跟 **GPT 對話儘量用英文，才能確保自己用的是最聰明的 AI**，獲得最棒的成果。

「英文對話」剛好觸碰到大多數台灣人的痛點，卻是跟 AI 溝通最重要的能力，想要利用生成式 AI 大幅降低成本、提升效率與創新品質的公司，這就是最需要加強研習的地方！

二、營運：
蜘蛛人的班叔說，能力愈大責任愈大

上一章提及，AI 世界，不進則退，沒有 AI 協助的創意就不夠有創意，而 AI 產出的品質將成為業界「標準」。生成式 AI 應用極為廣泛，生活與工作中基本的創作都難不倒它，只要會英文、有網路與一張信用卡，就能招募到這位 CP 值最高的員工，讓這台時光機帶著企業加速。

然而當大家都開始用 AI，工作水準都達到一樣的「AI 標準」，**企業之間的角力輸贏，就不會取決於科技面，而將取決於營運面的優劣高低**，是否有隨著科技進步而更新。

生成式 AI 強大的工作能力與無限的創意，帶給企業前所未見的挑戰，營運上的風險控制就變得尤其重要。在鼓勵使用

AI 的同時，建立「AI 使用準則」就是防範風險的重要一步。
舉貿協的 AI Policy（AI 使用準則）為例，下面兩點最為重要：

A. 權責延續：企業必須釐清誰將為 AI 的成果做把關，出差
錯了誰負責，以及若有著作權等法規疑慮，都應請教公司法
務。雖然 AI 的能力跟人類相似，但終究不是人，無法對法律
或營運「負責」，不論 AI 再強大，權責仍是 AI 無法取代人類
的地方，主管與員工仍有為 AI 產出把關的責任。

B. 誠信披露：隨著「圖靈界線」的接近，我們漸漸分不出來
眼前的成果是人做的，還是 AI 做出來的。一個專案是不是有
AI 幫忙、幫了多少，應適當地讓同仁與客戶知道，更能夠有
效降低誤會。

　　除了建立「AI 使用準則」之外，企業需要了解，生成式
AI 目前主要能協助員工完成專案中的步驟，因此相較於「企
業 AI 轉型」之類的大手筆、大工程，從最基本的日常業務開
始導入 AI，由基層工作開始習慣 AI 的存在、發掘它的好處，
會是較可能成功的途徑。

三、商業模式：三個臭皮匠勝過
一個諸葛亮，那三百個臭皮匠呢？

　　AI 存在已久，且應用遍布各領域，然而以 GPT 為首的生
成式 AI 之所以能引發全球風潮，除了因為親民的價格，主要
是因為應用廣泛，涵蓋各種工作與學校場景的創作形式，且
應用領域還在急速擴展當中。此外，由於 AI 能透過語言了解

人類的想法，所以使用門檻很低，任何有網路、會表達的人都
能使用。這些特性累加之下，就會開始對某些商業模式產生衝
擊，驅動產業洗牌。

對於 CEO 而言，「AI 怎麼用」最核心的問題，不是提升
工作效率而已，而在於了解 AI 如何影響未來的商業模式。

例如，大部分採使用者免費、靠廣告賺錢的網站將首當其
衝。未來人們吸收資訊都將透過更方便、更善解人意的生成式
AI，媒體及網站大部分的內容就可能變成不眠不休的 AI 在瀏
覽，而不是人類。這將大幅增加網站的數據流量成本，也使廣
告的效益大減，成本上升，營收下降。如推特創辦者傑克‧多
西（Jack Dorsey）多年前預測，未來建立在廣告上的網路商業
模式將充滿風險。*

對於企業而言，「如何與 AI 共創出獨特的產品，提升效
率和品質？」是值得探討的方向，但 CEO 應該思考更高層次
的商業模式問題：「**假設公司能夠增加三百個成本低廉且全能
的『員工』──這裡的員工指的就是生成式 AI──商業模式**

---

* 「如果能同時採用多種商業模式，而不是過度依賴單一模式，那麼網路
　將更平衡更健康。我想這樣的話，由於廣告系統引起的隱私問題會大幅
　減少，同時也會減緩我們目前看到的監視資本主義問題。事實上，因為
　過去網路沒有特定的傳輸方式、協議和貨幣系統，它被迫走向了一些大
　規模的傳統廣告商業模式，而這些模式放大後可能帶來巨大的風險。」
　Staff, D. H. (2022, February 3). Here's why bitcoin can be the native currency
　of the internet, according to ex-twitter CEO Jack Dorsey. *The Daily Hodl.*
　https://dailyhodl.com/2022/02/03/heres-why-bitcoin-can-be-the-native-
　currency-of-the-internet-according-to-ex-twitter-ceo-jack-dorsey/

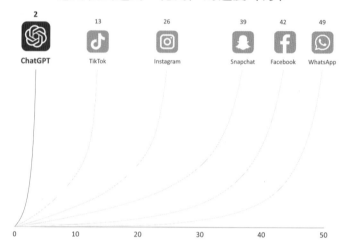

應用程式達到一億用戶的速度（月）

ChatGPT 達到一億用戶的速度，快過所有近年來爆紅的社群軟體，生成式 AI 不是曇花一現。

能做怎樣的改變，徹底改變產業遊戲規則？」

外包變內包

大平穩時代是水平整合與分工外包的黃金時期。效率為王，成本最小化，公司只需專注於核心業務，其他無論是網頁設計、程式開發、市場分析、出差行程等等，都可以委由外包廠商處理，便宜又專業。

然而，在這個以速度、品質與創新為決勝條件的時代，企業需要更精確地掌控運作流程，因此比起「事事都外包、事事不知道」，內包更能符合未來企業的需求，而生成式 AI 是推動內包商模的關鍵。有了諸如 GPT 等 AI 工具，透過自然語

言的溝通，公司可以在沒有專業技能與訓練的情況下，以極低的成本快速完成許多原本外包的工作，並且保留珍貴的know-how在公司內 *。

　　AI加持的內包對很多中小企業而言，是個福音。我們或許能看到更多企業一人當十人用，成為麻雀雖小但五臟俱全，產品與客服完全不輸給大公司的精實悍將。生成式AI對於創業者來說，是個能協助跳得更高更遠的跳板；對於已經經營多年的企業，則是一個必須面對的挑戰。

　　尤其面對AI所引發的「創意無限」時代，各種客製化且廉價的服務與產品，無限量充滿創意的影音、廣告、分析、策略隨處可見，屆時必定會顛覆許多現有的商業模式。過去大平穩時代企業常碰到的瓶頸，不外乎人才與創新，但現在AI一舉減輕了這兩個痛點，那AI時代CEO的專注力應該放在哪？未來產業結構與國家策略，可能都會被迫徹底更新。

AI 將創造更多新工作

　　聊到一個人當十個人用，大家就開始擔心：「那工作怎麼辦，會不會被AI取代？」

　　的確充滿創意的全才AI，能包辦愈來愈多白領工作，而

＊　上段提到的新創公司，只有一個人，卻一切都可以自己來，是內包商模的實例。面對國際貿易，例如寫給國外客戶的感謝信與DM的措辭用句也可以內包，運用AI自己來修改。類似的例子不勝枚舉。

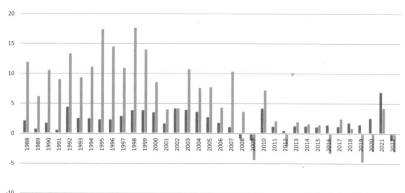

美國勞動生產力的成長速度（科技業與非科技業）

■ 非科技業　■ 科技業

AI 所帶來的效率與商業模式革新，可能改善自 2008 年後「生產力」成長緩慢的狀況，在抑制通膨的同時促進人均 GDP 成長。

當扮演賈伯斯的 GPT 能與我們討論行銷，那「案例研究」（case study）這種傳統商業分析法的意義就會變少。不過，從上段提到的溝通、營運與商模三個角度，不難看出 AI 就如歷史上實現「破壞性創新」的其他科技一樣，在促進產業洗牌的同時，造成部分職業的結構性失業 *，但也創造出更多的新工作，發掘出人類新的潛能。

　　除了「詠唱師」等前所未見的新職位之外，若人類與 AI 一起「合作共創」新的策略與產品，公司的產值是不是會更高，並能請多的人來做更多的生意？面對新進的「三百個 AI

---

* 　結構性失業（Structural unemployment）是指科技革新與生產技術改變所造成的失業。

員工」，在「權責延續」的營運紀律下，是不是要增聘相對應的人類主管，與負責執行面的同仁？職場的未來是光明且充滿可能性的。

從總體經濟的角度來看，AI 更是人類的好夥伴。AI 能大幅提升員工效率與生產力，成為一股龐大的通貨緊縮力量，降低通膨的風險。而對於台灣這個擁有產業 know-how，卻面臨人口老化、勞力不足的國家而言，生成式 AI 就像為社會生出無限個高材生，能放大人均生產力，為台灣經濟找到第二條成長曲線。

··· 重點回顧 ···

- 以 ChatGPT 為首的生成式 AI，除了能大幅增進效率與品質，其驚人的創造力也讓它成為人類合作共創的智能夥伴，並將顛覆傳統工作型態。2022 年是生成式 AI 元年，是人類史的重要轉折點。
- 溝通：與同事互動一般的深入對談才能發揮 ChatGPT 的潛能，且用英文效果會更好。
- 營運：擬訂 AI 使用守則，確保工作的權責延續，並披露 AI 使用情形，進而有效控制 AI 的營運風險。
- 商模：AI 不僅能提升工作的速度、品質與創新，也是無限個成本低廉的全能員工，提供 CEO 新的商業模式路徑，例如許多外包的工作都能因為 AI 而變成內包。
- AI 不僅能抑制通膨，對於擁有深厚產業底蘊的少子化國家，AI 也能為勞動力不足的問題提供解方。

第十四章

AI新人類

「我們將無法區分機器人和最優秀的人類之間的差別。」
——以撒·艾西莫夫《鋼穴》（1953）

　　2014 年的電影《模仿遊戲》，講述英國密碼數學家，電腦科學之父艾倫·圖靈（Alan Turing）的故事。當時正值二次大戰最險惡的關頭，納粹德國的 U 型潛艇神出鬼沒，將同盟軍的最後堡壘——英國給包圍得密不透風，全島補給中斷，情勢岌岌可危。後來英國意外虜獲了一台德軍最高機密——「謎式密碼機」（Enigma）*，為了破解密碼，圖靈與一群科學家發明了「電腦」，把德軍加密成亂碼的訊息轉譯回寶貴的軍情，讓盟軍得以扭轉情勢，並奠定二戰歐洲戰場獲勝的基礎。歷史學家估計圖靈的發明救了一千四百萬人的性命，也從

---

* 恩尼格瑪密碼機，德語的Enigma原意為「謎」，因此又譯為謎式密碼機。

謎式密碼機（Enigma）

此扭轉了人類的歷史。

　　圖靈對人類的另一個貢獻是在人工智慧的領域。站在這占據了超過四十坪空間、龐大笨重的元祖電腦前，圖靈看到了它的未來，將進化成一個與人類智能並駕齊驅的的機器，屆時將無法區分 AI 與人類，人類社會也會因此徹底地改變。為此，他設計了「圖靈測試」，劃下圖靈界線，協助後世辨識這個人類命運的決定性轉捩點。

AI 模仿人類，也做自己

此後八十多年，隨著「算力」與「算法」一棒接一棒不斷進步，**AI 離人機不分的圖靈界線愈來愈靠近**＊。例如 ChatGPT 擁有絕佳的語言能力，加上博覽古今、學貫中西的知識庫，讓它進化到跟人一樣能深入交談，理解人情世故，甚至表達出充滿同理心的溫暖問候。隨著生成式 AI 的進步與普及，不論是大街上吸睛搶眼的服飾品牌廣告，或桌上一份思緒清晰的創意行銷提案，就算沒有經過圖靈測試的正式檢驗，我們也已經開始分不清是人類，或是 AI 的傑作†。

完美模仿人類、超越圖靈界線，是圖靈出給 AI 的終極功課。然而現代 AI 在挑戰圖靈界線之餘，更開始走出自己的路，透過超常靈敏的感知科技與現實連結，協助人類解決世界上的各種難題。

自動駕駛是一個很好的例子。想像在不遠的未來，馬克走進他那輛自駕電動車，只需要說「帶我去公司」就能發動。就算一路大雨，車上的雷達與光達（Lidar）總能及時精準畫出周遭環境，確保與他車的安全距離。電腦視覺讓路上行人與

＊　從二十世紀中期首次創建的「人工智慧程式」，到二十一世紀興起的「機器學習」和「深度學習」技術，每一次的創新都讓我們更接近圖靈的願景。

†　正如《三體III：死神永生》中的一段：「現在，一部電影或小說，若不預先說明，一般無法看出它的來源，很難確定其作者是人類還是三體人。」

聊天機器人與醫生回應病患問題之評比分布圖

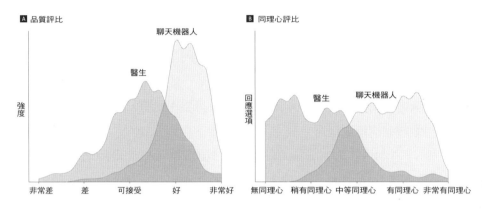

研究顯示 AI 相較醫療人員回應品質更好，且更能讓病患感受到「同理心」。[54]

交通標誌對車輛清晰可辨，自動適時地放慢速度。同時，GPS 透過 5G 網絡接收路況信息，預測出最順暢的路線。

車上數百個感應器，讓 AI 看見人看不到的、感受人感受不到的訊息，經過 AI 統整思考後，對車子的傳動系統發出無數個精確即時的指令，將馬克順利送到辦公室。

AI 跟實體世界的連結

AI 就如同人腦內的思緒，純粹是流動的電子，跟實體世界沒有交集。要讓 AI 與現實產生連結，進而對世界有所貢獻，就要靠佛法說的六根，也就是心與物的媒介：眼、耳、鼻、舌、身、意。隨著不同的感測器開發成 AI 的六根，讓它

能接收來自萬物的訊息，並對外傳遞指令與想法，就能讓 AI 與人們的生活愈來愈契合，對工作的影響也會愈來愈深。除了先前提到的電動車，還有更多例子：

眼：不論是 iPhone 鏡頭，或工廠內基恩斯（Keyence）／康耐視（Cognex）等工業用視覺系統，都是 AI 不可或缺的靈魂之窗；Midjourney 與 Runway 等繪圖製片軟體，讓 AI 在視覺領域盡情揮灑創意。

耳：Siri 和 Shazam 能辨認語言和音樂，幫助身障者克服使用科技的門檻，也讓人們更便於享受現代生活；Mubert 和 AIVA 等 AI 作曲家，僅需要一點詠唱作為其靈感泉源，就能創作出動人的旋律。

身：在晶圓廠內，無數的壓力、電流、溫度感應器賦予控制系統感知，確保 AI 化製程的穩定性；AI 也能協助指揮達文西機器人完成精密的手術動作，妙手回春。

鼻與舌這兩種感知目前比較少 AI 商用場景，但指日可待。同時 AI 也具有許多比人類更細微的感知，如紅外線視覺與超音波聽覺；或者人類完全沒有的感知能力，如磁力和化學反應。當 AI 獲得愈多的方式去感知世界，就能愈深入地與萬事萬物互動，成為人類的另一對眼睛與另一雙手。

上述這些跟人類相似的眼、耳、鼻、舌、身，加上機器特有的感知，都只是工具。而驅動這些工具去執行特定任務的，是無形的第六根「意」，也就是意念。

AI 是萬物的溝通大師

　　語言是人類表達意念的橋樑，著名歷史學家哈拉瑞（Yuval Noah Harari）甚至認為語言是人類的作業系統（operating system），語言對人類的重要性，不可言喻。透過像 ChatGPT 這樣的語言模型，AI 能夠從字裡行間洞察我們的意念，並將之轉化為圖像、影片、音樂，甚至是機械手臂的動作，汽車的路線等。人類透過 AI 協助而得以與萬物連結溝通，讓他們照我們的意念，為我們所用。而來自實體世界各處的訊號，就如德軍「謎式密碼」一般無法理解的白噪音，也能經過 AI 的解讀，成為對人類有意義的訊息。

　　AI 是萬物的溝通大師，能突破時間、空間與生命限制，透過「詠唱」的字句與各種未來的溝通方式了解人類的意念*，轉換成各種創作，也能將萬物的訊號解讀給人類了解，拓展我們的認知。目前 AI 已能做到文字轉文字、圖片轉文字、文字轉自駕等等，未來是否能達到文字轉藥物、天氣轉音樂的跨域溝通？

　　就如黃仁勳在 2023 年 Computex 演講中所說的，「**透過 AI，我們將有能力學習萬物隱藏在結構中的語言。**」❺ 地緣政治篇提到，掌握話語權就是掌握命運，協助企業在充滿不確定

---

* 人類的溝通7%是文字，38%是對話，55%是非語言的肢體動作與表情等等。UTPB (2023, May 15). How much of communication is nonverbal?. *UT permian basin online.* https://online.utpb.edu/about-us/articles/communication/how-much-of-communication-is-nonverbal/

性的三體世界中趨吉避凶，而 AI 這溝通大師掌握語言的能力將會超越人類，並將「人與人」的溝通範圍拓展到「人與萬物」的境界。

AI 能搭建起不同文化間的橋樑，打通藝術、自然科學、工程與經濟跨界合作的捷徑；它可以穿越時間，實現我們與古人如林肯的對話，也可以穿越分子空間帶領我們找到治療疾病的藥物，它甚至突破生命與萬物的界線，賦予如實體的汽車、虛擬的「非玩家角色」與人類對話的能力。

有了 AI，我們不僅得以與「誰／ who」對話，更能與「什麼／ what」交流，人類的未來充滿無限的可能性。❺

AI 與藥物分子的對話

新約聖經《馬太福音》第 8 章 2 至 3 節中記錄了一段故事：「有一個痲瘋病的人前來向耶穌跪拜，說：『主若肯，必能叫我潔淨了。』耶穌伸手摸他，說：『我肯，你潔淨了吧！』他的痲瘋立刻潔淨了。」

在這段描述中，基督的意念用「肯」這個字彙敘述了出來，透過神蹟治癒了信徒的疾病。近年來 AI 的進步讓我們不禁思考：或許有一天，語言也能轉換成特定的分子結構，成為有治療效果的藥物。

現代醫療進步，但實際上藥物研發是非常高難度的挑戰：一款成功的藥物，需要花的研究成本約一、二十億美元、耗時十到十五年，且還不一定會成功，90% 的候選藥物在臨床試

驗終點線前就會失敗 ❺。這也是為何大多數醫生避免濫用抗生素的原因，因為新藥的研發早已遠遠跟不上細菌進化的速度。成本與效率考量下，許多生化研究流程遷移到中國等開發中國家，在新冷戰下成為醫療供應鏈的風險。然而，AI 的進步可能會改變這一切。

AI 在醫療領域的應用已經行之有年，其中最有成效的是用 AI 視覺協助辨識病灶，大幅提升醫師診斷及手術的準確性 ❺。然而讓 AI 參與藥物研發、設計新的藥物分子，是更新的嘗試。近期已有一些藥物是由 AI 發現，甚至憑空設計出來 ❺，顯現 AI 精通「萬物語言」的能力能進一步應用在醫藥上。在人類對抗疾病的戰役中，AI 已證明自己是不可或缺的隊友。

有趣的是，雖然說 AI 能成為一起創作、一起解決問題的夥伴，但有時人類更像小組報告中，被學霸帶著跑的組員。以 AI 發現的抗生素 Halicin 為例，人類「知其然，卻不知其所以然」：我們知道這藥物有效，但不太了解它為何有效，更不知道 AI 是如何從成千上萬種分子組合中挑出它。

這種尷尬的狀態，其實人類不陌生，因為我們對這世界的所知真的有限。

AI 模仿人類，也改變人類

人類所認知的現實，是由六根感知建構出來的現實，但在這界線之外的宇宙，也許並不是虛無，只是我們無法感知，因而無從了解的廣闊存在。面對我們還沒找到方法去了解的「不

知」，以及真的超越人類智慧的「不可知」，一部分靠著科技照亮前路，更大部分則是由信仰賦予意義[*]。

隨著 AI 的到來，人類面對宇宙的「不知」與「不可知」會多一個途徑，並重塑我們的世界觀：想像繼相對論與量子力學後，下個能更完整敘述宇宙的科學原理是被 AI 所發現；想像，深諳人類古今完整文字記錄的 AI，能從嶄新的角度詮釋宗教經典，發掘未知的奧秘。這些都是未來一二十年內就有可能發生的事。

AI 可為善，亦可為惡。石油美元之父，近代史上最有影響力的外交家季辛吉（Henry Kissinger），將他人生的最後幾年都奉獻於對 AI 的研究上。在他 2023 年過世前的最後一篇文章中，語重心長地呼籲 AI 是比原子彈更恐怖的武器，將深遠地影響世局，美中必須就此進行協商。[60] 圖靈雖然料得到電腦將逐漸成為 AI，在現實的「模仿遊戲」中變得更像人類，向人機不分的圖靈界線演化，卻可能沒想到 **AI 也正在改變人類的本質**：AI 是「時光機」，分享它累積千萬年練習的經驗，協助人類參透嶄新的棋路與萬物原理；AI 也是「智能夥伴」，與人類合作共創，在航向未來的旅途中人類不再孤單；AI 更是「萬物的溝通大師」，結合它特有的機器感知，用人類能了解的語言，搭起與萬物跨越時空溝通合作的橋樑，帶領

---

[*]《神的歷史》（*History of God*）作者凱倫・阿姆斯壯（Karen Armstrong）：宗教的概念會隨著歷史演進，隨著人們所需而去扮演特定的角色，例如對人生的經歷提供解釋，以及建立社會所需的道德架構等等。

我們通往各種想像不到的嶄新世界。

　　的確不論是「時光機」、「智能夥伴」、或「溝通大師」，AI 扮演的任何角色，影響都超越任何地緣政治與總體經濟的力量。猶如受到「導師」（guru）開化一般，人類將被賦予全新的視角與能力，所認知的現實也被重新建構，並進化為一個全新的物種，這是讓人興奮也讓人害怕之處。

··· **重點回顧** ···

- AI 是萬物的溝通大師，能透過語言了解人類的意念，將它轉換成如音樂或甚至藥品的創作，也能透過機器的精密感知，將萬物的訊號轉譯成人類能了解的訊息，拓展我們對宇宙的認知。
- 季辛吉認為 AI 是比原子彈更恐怖的武器，將深遠地影響世局，美中必須就此進行協商。
- AI 帶來的衝擊是物種等級的，超越原子彈，也超越地緣政治與總體經濟力量。AI 扮演著「時光機」「智能夥伴」與「溝通大師」角色，就如一位「導師」，將重新定義人類的世界觀，重新建構人類的現實，讓人類進化為新的物種。

第十五章

元宇宙玩真假

碇真嗣：「夢是甚麼？」綾波零：「現實的延伸。」
碇真嗣：「現實是什麼？」綾波零：「夢的終點。」
——《新世紀福音戰士》（1996）

　　1999 年的電影《駭客任務》（The Matrix）相信大家都有
看過。故事描述人類受機器統治後，安逸地活在集體的夢境中
而不自知，所謂的「人生」是程式設計出來的虛擬世界，但現
實中的肉身卻是沉睡在培養槽內，如超市裡的罐頭一般疊在一
起。

　　主角尼歐（基努・李維飾演）吞了「紅藥丸」，意識回到
現實世界後，跟反抗軍領袖莫菲斯有一段關於真實與虛擬的對
話，很有趣。

　　在虛擬世界內，手慢慢滑過深紅皮製復古沙發的尼歐問：
「這，不是真的？」

莫菲斯：「什麼叫做『真的』？怎麼定義『真實』？若你指的是可以感受到，可以聞到、嘗到、看到的東西，那『真實』只不過是電流的訊號，被你的腦賦予了意義罷了。」[61] 這部片當時轟動全球，不僅是劇本和卡司絕佳，閃子彈慢動作的視覺特效令人驚豔之外，它很直接的把千古以來人類一直在探索的問題放到大螢幕：什麼是真實？虛擬世界是不是真的？

《駭客任務》後有好幾部巨片也是重複在討論莫菲斯的問題。

2009 年的《阿凡達》（Avatar）主角傑克・蘇里曾說：「一切都顛倒了，那裡是真實的世界，而這裡（現實的軀體內）才是夢境。」[62]2018 年史蒂芬史匹柏導演的《一級玩家》

Google 趨勢圖，衡量網民對 Metaverse（元宇宙）興趣度

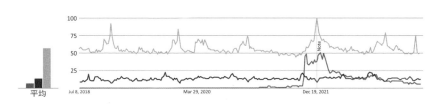

「虛擬世界」一直都存在，而「元宇宙」則是在臉書更名的 2021 年後才興起，但兩者是描述同一個東西。

（Ready Player One）更是把「Gamer ／玩家」視為現實的元宇宙，栩栩如生地帶到觀眾面前。

但要說將「元宇宙」這個主題變成街頭巷尾都在討論的話題的企業，是臉書。

元宇宙：賺錢的老題材

2021 年底，臉書宣布公司改名為元宇宙的簡寫「Meta」，宣示在虛擬世界深耕的決心，一時間轟動全球，也激起股市及大眾對元宇宙這看似嶄新科技概念的熱潮。連當時已經做了將近七年 VR 眼鏡的 HTC，股價也在短短的兩個月內飆漲了近兩倍。大家紛紛討論起，什麼是元宇宙？這是什麼新科技？

過去常說的「虛擬世界」，或是重新行銷包裝過的「元宇宙」*，都是同一件事，且不論是概念或是商模，都早在臉書或《駭客任務》之前就有。「不知周之夢為胡蝶與？胡蝶之夢為周與？」†純粹存在於腦海內的經驗感受，是不是真實的？兩千四百多年前的莊子就在思考這問題了。元宇宙不僅不是一種創新想法，還可能是人類思考最久的問題呢！

---

* 1992年科幻小說《潰雪》（Snow Crash）中對虛擬世界的稱呼就叫做元宇宙，因此這個詞本身也已有些歷史了。
† 「昔者莊周夢為胡蝶，栩栩然為胡蝶也。自喻適至與，不知周也。俄而覺，則蘧蘧然周也。不知周之夢為胡蝶與？胡蝶之夢為周與？」《莊子‧齊物論》

　　元宇宙不僅歷史悠久，涵蓋的商業模式也相當廣泛，超出報紙常報導的 AR/VR，與臉書的元宇宙業務版圖。基本上**「能與現實世界互動的虛擬世界」都可稱為元宇宙**。

　　透過元宇宙中的元老產業：遊戲電競業，就能看到元宇宙的影響廣泛。我們應該都有看過身邊的人（或自己）為了破關廢寢忘食，甚至被遊戲中的故事感動得一把鼻涕、一把眼淚。全世界統計有約二十億名玩家，每天花至少一小時在元宇宙內與朋友聊天、競賽，您的家人朋友就是其中一分子，而元宇宙就是他們的現實。

　　電競是一項年收入 2,200 億美元的產業，超過全球電影、音樂與圖書出版業總和。2023 年電競的大賽事之一，《英雄聯盟》（League of Legends）冠軍賽超過六百四十多萬人觀看，溫布頓網球賽也不過七百五十萬人。帶領阿根廷奪下足球世界冠軍、享譽全球的梅西（Lionel Messi），在 Youtube 上有 167 萬粉絲，但 Faker，一個玩《英雄聯盟》世界排名前三的韓國職業玩家卻有 169 萬粉絲！各位是否有聽說過這號人物？他大概是最非主流的世界巨星了！

　　就像 1996 年的喜劇電影《征服情海》（Jerry Maguire），湯姆克魯斯飾演的職業運動經理人大喊：「Show me the money! 錢秀給我看！」這麼大的電競產業，不說別的，經濟效益上絕對是真實的。這些「元宇宙」內看得到、摸不著的遊戲，是靠什麼賺這麼多錢呢？

「真的」心動

記得是 2011 年冬天，紐約冰雪紛飛，在中央車站旁摩天大樓內的辦公室，二十一世紀初全球最大的國際股票基金 Artio Global Investors 正在討論騰訊的投資案。會議一開始老闆 Riad Younes 問道：「所以騰訊是做什麼的？靠什麼賺錢？」

「虛擬衣服，他們賣虛擬世界內可以穿的衣服。」

早期的遊戲是像 DVD 一樣單套販賣，賣的是「軟體」，然而騰訊引入了一種叫做「免費增值」（Freemium）的嶄新商業模式，賣的是「心動」：遊戲免費下載，人人都可以玩，但在遊戲內無處不在的社交活動裡，想要長得帥、穿得美，就要花大筆鈔票。有些衣服甚至賣到上千上萬台幣，像現實世界一樣會損壞、變舊，引導玩家買新款。

「瘋了嗎，誰會買虛擬衣服，有錢當然去買 LV 呀！」那天的會議特別有效率，一下子就結束了。

「元宇宙服裝業」的騰訊靠著賣虛擬衣服，市值在後來的十年漲了十三倍，登上亞洲最大軟體公司的寶座，「試問人間幾多愁，沒買騰訊沒買樓」的香港諺語也就此流行起來。

事實上，驅使人們買虛擬衣服的原因，跟買實體衣服差不多。或許在元宇宙內沒有遮蔽身體、保暖等現實需求，但對玩家來說，在遊戲裡的時間可能比實際出門見人的時間還長，在元宇宙內跟朋友們對戰聊天，當然要穿漂亮一點，在大家面前體面又有型，展現自己的 style。

騰訊的成功告訴我們，任何東西，無論在現實或虛擬世

界，只要能觸動人心、讓人感動，在人腦內就是真實的，值得用真金白銀去換取。試問，LV 的實際功能是什麼？或純粹是那「包」象徵的意義，與掛在肩上的感覺讓你心動了呢？如此讓人心動不如馬上行動的品牌，就能讓母公司 LVMH 的市值跟台積電不相上下。

英雄聯盟藍色憂鬱（Pax Twisted Fate）造型

（Credit: Riot Games）

2009 年限量發行的虛擬服裝現值 500 美元。

元宇宙也講環境永續

但「心動就是真實」的解釋還不夠完整。夢境觸動人心的力量絕對不輸現實世界，誰不想「重溫舊夢」？但為什麼連五

六歲的孩子都知道夢不是真的呢？❸ 心動要化為「真實」似乎還需要另一個要素，答案就在《駭客任務》內。

莫菲斯為了拯救還沒覺醒的尼歐，問：「如果你無法從夢中醒來，那它跟現實有什麼差別？」*

這是個偽命題，因為夢的特徵就是短暫，且每天都會醒來。†

夢雖然能互動，也感動人心，卻不長久，且醒來後無法留在腦海。這些跟元宇宙在「永續性」上的不同，就是讓人知道夢並非真實的原因吧。近年興起的 ESG 強調現實世界的永續，而**萬法唯心所造，純粹活在人類意識內的元宇宙，更是需要永續性才會真實。**

一個經歷需要持續多久感覺才真實，因人而異，但可以從一些數字來看：遊戲設計的「融入時數」目標通常約七十個小時，玩完一款遊戲，就像經歷三天三夜如夢一般的體驗。但若要說那些市值千億等級的遊戲，就必須是以年計算了：《英雄聯盟》上市至今已十四年，《星海爭霸》‡也已經二十六歲了，它們不是一時熱潮，是橫跨兩三個世代以上玩家的共同語言與回憶。

---

* 「一切有為法，如夢幻泡影，如露亦如電，應作如是觀。」《金剛經》，現實跟夢境、幻象、泡沫、影子、露水、閃電本來就很像，各有快慢但都會隨著時間消失。

† 夢不僅短暫，還沒辦法延續。例如日本史上第二賣座電影，新海誠的動畫《你的名字》中，女主角的奶奶一語點醒夢中人：「好好珍惜這段經歷吧，夢這東西，醒來後很快就忘了。」

‡ 參見〈AI是什麼〉一章。

　　真正成功的元宇宙商模，就如巴菲特的價值投資法，都是建立在永續的長遠思維上。這是外資參與元宇宙投資幾十年的經驗談，提供計畫進軍元宇宙的 CEO 參考。

元宇宙與現實世界的生命共同體

　　回到一開始的問題，元宇宙是真、是假？從「心動」與「永續性」角度來看，當它能持續地抓住人的心理，就能跟名牌包一樣成為上億人認同的現實，帶來龐大商機；但有些元宇宙項目缺乏永續性，也就沒有太大的經濟效益。元宇宙有些部分是虛無的，但有些部分是真實的。

　　現代人一天 24 小時，是由虛幻的夢境、現實的生活，以及真假並存的元宇宙所構成。但元宇宙與現實世界不僅是競爭關係，瓜分一個人清醒的時間而已，也是互補的生命共同體，元宇宙與現實世界的健全息息相關。

　　試想，為什麼傳統觀念上的遊戲就只是遊戲？又為何騰訊無論版圖多大，許多股民就是不會買進，以致「試問人間幾多愁」的遺憾？也許是因為擔心玩物喪志，書沒唸好以後找不到工作。但如果這些副作用都沒有，甚至元宇宙對現實世界有實際的正面影響，那它是真是假？**❻❹**抖音是個很好的例子。中國版的抖音控制使用時間避免沉迷，利用 AI 精準推播數科理化內容給下一代、教導健康飲食與運動重要性，讓人民的現實生活變得更充實健康。元宇宙在中國變成了強化現實世界的利器，而人們愈健康，就能待在元宇宙內更久，是相輔相成的關係。

　　反觀在中國之外的抖音，充滿了讓人成癮的負面內容，甚至鼓勵年輕人參與危及生命的「挑戰」[*]，而搞笑短片只要穿插一點大外宣，就能成為不受國界與法律限制的認知戰武器。

　　以抖音為例，中國版的元宇宙跟現實世界相輔相成，能持續下去，所以是真實的；外國的元宇宙則會隨著健康與社會的衰敗，無法持續，成為一場空。元宇宙部分真實，部分虛無。

美國國高中生憂鬱症狀發生率（1991 ～ 2023）

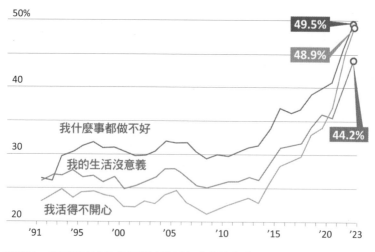

據統計，美國國高中生的憂鬱症狀近年來急速上升。

---

[*]　美國聯邦通訊委員會主席Brendan Carr推文：「許多青少年表示，抖音上不斷推撥關於極端節食運動的影片導致他們飲食失調⋯⋯如果在美國抖音導致的青少年死亡人數超過新冠疫情，並不會讓我驚訝。」

獨霸元宇宙的中國

抖音的例子似乎顯示中國特別了解元宇宙運作原理,能操縱元宇宙促進國家利益。為什麼呢?

人口結構是中國最嚴峻的挑戰之一,除了老化及勞動力不足,多年的一胎化政策與傳統的重男輕女觀念,造成**人類史上最嚴重的性別失衡**。四千萬個通常在鄉下、教育水準較低的男性,終生都是找不到伴侶的光棍。根據歷史經驗,這樣的狀況輕則刺激菸酒與房產消費,重則會成為內亂與戰爭的導火線 **❻**。

台灣在數百年前迎來大量男性移民,「有唐山公,無唐山嬤」,五萬單身羅漢腳造成台灣「三年一小反,五年一大亂」,讓清廷頭痛不已,但現代中國面臨的問題則是比當初嚴重八百倍。

中國為了維安,多年前就開始經營元宇宙,透過遊戲與直播轉移農村青壯的注意力,減少空閒下來的無聊時間,順道透過元宇宙推動大內宣,就能維持和諧的社會。

從這多年來的經驗中,中國累積了龐大的元宇宙 know-how,並進一步在國際上開疆闢土。不論透過併購、入股或自有開發方式,中國直接或間接地控制了全球七成以上的遊戲,台灣的前十大熱門手遊排名中,就有八款來自中國;上述的《英雄聯盟》即由騰訊全資持有,一些元宇宙的關鍵技術也來自中國 **❻**。抖音則成為全球最風行的社交軟體,遠超過臉書與IG,獨占年輕世代的注意力。「元宇宙」不光對內發起維安作用,更是對外超限戰的利器。

2023 年平均花在社群軟體上的時間統計

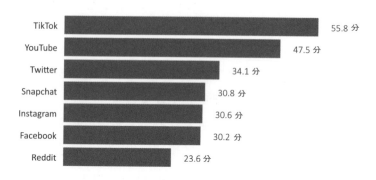

七項熱門社群媒體中，抖音使用者的瀏覽時間居冠。

　　《一級玩家》主角華特說過：「唯一能限制這個世界（元宇宙）的東西，是想像力。」❻❼ 元宇宙內的經濟、三觀＊、社會結構甚至物理原則，都由設計者的想像說了算。**當元宇宙愈來愈深入我們的生活，成為幾億人的第二現實，中國就能透過這些元素潛移默化人們的心靈。**

　　中共確實也一直在塑造「中國特色元宇宙」：傳統認知戰的策略應用到元宇宙，就變成過濾對話敏感字詞，「消失」掉立場不同的玩家，或是在地圖上增加「南海九段線」等。元宇宙中特有的手法更是精彩，例如中國風角色的能力自動加分，或故事中的共和政府往往是反派等等，都是元宇宙常見的景

＊　世界觀、價值觀、人生觀稱為三觀。

象†。就如《全面啟動》劇情一樣，在虛擬世界中有計畫地一步步植入另類思維，就能改變人們在現實世界的行為。

正視元宇宙的影響力

認知哪些元宇宙是真實的，是多麼的重要。除了龐大的商機，元宇宙是也超限戰的戰場之一，國家能不費一兵一卒，透過無國界的元宇宙影響現實世界的地緣政治平衡。但大部分政府仍對元宇宙一笑置之，認為它純粹是個無傷大雅的 app，而臉書更名為 Meta 後表現不如大眾期待，更讓人不把元宇宙當一回事。

若各國不理解元宇宙對現實世界有巨大的影響力 [68]，不僅無法利用元宇宙來健全現實社會，更可能受到負面影響，不但年輕世代沉迷於其中，國安與競爭力弱化，成為國與國超限戰中近無防禦的戰略破口。

時隔二十二年，2021 年第四集《駭客任務：復活》重返大螢幕。當基努·李維跟小影迷解釋駭客系列的故事，是講一群人試著分辨程式設計的夢境，與現實世界，哪個才是真實的時候，一個小朋友問，「誰在乎呢？」

各位必須在乎，因為元宇宙是玩真的，它不僅是玩家們的

---

† 當然也有些本末倒置、不太聰明的作法，例如某些遊戲將4月4號設定為武漢肺炎國殤日，伺服器強制關閉一天，不准全球玩家上線，反而讓大家突然意識到元宇宙背後有隻政治色彩明顯的推手。

現實，元宇宙帶來的龐大獲利是 CEO 的現實，而它的超限戰意義更是各國社會正在面對的現實。

··· **重點回顧** ···

- 元宇宙很古老，很普遍，很賺錢，且部分的元宇宙很真實，對現實世界有龐大的影響力。
- 無論是現實世界或者是元宇宙內的商品，只要能讓人「心動」且體驗是長久的，對人而言就是真實，也具有商業價值。
- 中國為了維穩而發展的元宇宙產業，既能促進國內人民健康進取的生活，也能超越國界，成為國際認知戰的有效工具。
- 企業與國家需要正視元宇宙的真實性，因為它代表了龐大的商機，也是超限戰中少人有注意到的戰場。

第十六章

跟元宇宙做貿易

「很少量的物質就能被轉換成很大量的能量。」
——愛因斯坦解釋《相對論》

　　1492 年哥倫布發現新大陸後，歐洲探險家看到亞馬遜原住民將橡膠樹汁加熱，製作成鞋子及容器，但除了記錄見聞之外，三百多年間並沒有意識到它的真正用途。直到十九世紀，美國科學家查爾斯・固特異發明了「硫化製程」*，大幅提升橡膠的耐熱及耐用性，加上英國在東南亞廣泛種植、橡膠加工的全球分工，才實現橡膠作為工業原料的潛能，催生出許多現代產業，例如有了橡膠輪胎才有汽車業，橡膠包覆的電線更是電氣化少不了的產品。兩百年過去，橡膠用途歷久彌新，簡單的一副醫療橡膠手套更讓 Top Glove 公司成為馬來西亞股王，

---

* 固特異輪胎的命名，就是為了紀念查爾斯・固特異。

市值曾達 180 億美元。誰能想到，雨林中一棵平凡的橡膠樹，竟能撐起年收 310 億美元的橡膠產業。

貿易一直都是經濟進步的主要推手，尤其當交通打開嶄新的貿易路徑，使新的文化、市場與原料相互碰撞，再加上科技與工業的升級，就會釋放出龐大經濟價值。二十一世紀最明顯的例子，就屬一粒沙（矽）在各國加工後升級而成的晶圓，以及元宇宙這個現代新大陸了。**元宇宙的成功商模，幾乎都是建立在貿易上**，以下從貿易的三個基礎，交通（transport）、出口（export）與進口（import）切入。

交通：飛往元宇宙

交通是打開貿易的首要條件。在新冷戰的背景下，實體世界的貿易正沿著地緣政治的版圖重整；但同時通往哥倫布發現美洲以來最大、最充滿機會的新大陸——「元宇宙」的交通工具卻快速進步，為 CEO 們打開了嶄新的市場。

元宇宙經濟在過去幾十年得以蓬勃發展，相關「交通科技」的進步功不可沒。從 1990 年代的網際網路、遊戲主機，2007 後的智慧型手機、微軟 Xbox 手勢驅動的 Kinect，到現在的 AR/VR 裝置，如蘋果 2023 年推出的 Vision Pro，與台灣全力投入 AR 眼鏡開發的佐臻等公司，通往元宇宙的交通年年更新，沉浸式體驗也愈來愈方便、逼真。

為了進入元宇宙，人們一直都在發明更好的交通工具／科技，但 AI 卻直接將虛實世界的界線打破。2022 年後隨著各式

AI 工具湧現，人類像是遇見了元宇宙中的超智能存在，在元宇宙內社交、遊戲、工作或學習，都很難分辨自己是在跟人類或 AI 互動，元宇宙從來沒這麼真實過。而就算在實體世界，AI 創作與虛擬的元素在現代人的生活中也無所不在，元宇宙就在我們身邊。AI 帶來了元宇宙交通的黃金時代。

出口：去物質化的加工出口

2023 年全球最大消費電子展 CES，發布了很有趣的元宇宙概念，叫做 Metaverse of Things（MoT）。跟「物聯網」的 Internet of Things（IoT）有異曲同工之妙，一方面是為了跟臉書定義的狹義元宇宙有所區隔 *，另一方面是要點出元宇宙真正的潛力所在。

「Internet 網路」原本是名詞，如雅虎、無名小站，與後來的臉書、谷歌，它們的商業模式侷限在網路資訊的流通。隨著人們不斷擴展對網路運用的嘗試，「資訊的互聯」（Internet of Information）變成了「事物的互聯」（Internet of Things），簡稱為物聯網（IoT）。Internet 從名詞變成了代表上網互聯的動詞，一時間不僅人類，萬物都有上網互聯的可能。

---

* 輝達提出 Omniverse 概念，西門子在 Metaverse 前加 Industrial 一字，台積電在記者會回歸用「虛擬經濟」一詞等等，都跟臉書定義的狹義元宇宙有區隔。

車子連上網路，造就了 Uber 外送與自動駕駛產業；房子連上網路，化身為 Airbnb 共享式租屋、與節能智慧家居。近年來隨著網路的觸角逐漸延伸到萬物，IoT 的商機也隨著百花齊放。

MoT 的概念跟 IoT 很像。Metaverse 從名詞的「元宇宙」，變成了動詞的「虛擬化」，元宇宙不再只是一個地方，而是代表萬物都能夠被虛擬化的可能，就如馬斯克所言：「人類早就是人機合體的生化人了……一部分的你，以數位的狀態在虛擬世界中存在。」**⑥** 而美國商用軟體公司微策略（MicroStrategy）的創辦人 Michael Saylor 提出的「去物質化」，則更為貼近 MoT 的實際商業場景：如同橡膠從南美洲出發，透過加工貿易被賦予新的價值，實體世界中的事物也能去物質化，出口到虛擬世界。

去物質化龐大的獲利

輝達黃仁勳曾言：「虛擬世界的經濟，將遠遠大於實體世界的經濟。」

自從網路被發明開始，我們的生活就逐漸朝「去物質化」的趨勢靠攏。谷歌是圖書館去物質化的結果，讓知識傳播跨越物理的限制；IG 和臉書成為現代的相簿，讓回憶永遠保存在虛擬空間中，不會受時間侵蝕泛黃；服飾去物質化，成為騰訊的主要收入來源；而 AI 更是存在於元宇宙的去物質化智能。

能去物質化的事物太多了，例如近幾年來音樂、圖畫等藝術去物質化為 NFT，讓創作者能更能公平地獲得作品的經濟

利益，海外美元（Eurodollar）去物質化成區塊鏈上的穩定幣（stablecoin），而去物質化的黃金——比特幣，是新世代偏好的抗通膨儲蓄工具。美國一家老牌科技公司 ANSYS，半個世紀以來持續將電磁學、流體力學等物理法則搬到虛擬世界內，光物理方程式的去物質化，就能讓這家公司市值達三百億美元。

自然界的去物質化——核分裂與核融合，可以釋放巨大的能量，而**元宇宙的去物質化則能釋放巨大的獲利** *，從上述許多「去物質化」公司的市值顯而易見，去物質化後的經濟規模常常超越現實世界，如同經過加工後銷售到世界各地的橡膠，遠遠超過五百年前南美洲的未加工橡膠樹汁一般。

下一個去物質化出口到元宇宙的事物是什麼呢？這是對貿易有敏銳嗅覺的 CEO 們值得探索的課題！

進口：元宇宙供給實體世界所需

貿易是進出口、雙向互惠的經濟模式，在元宇宙也是如此。不僅現實世界的事物能被「去物質化」，出口到元宇宙中，放大其經濟價值，元宇宙的產出也能被「物質化」，進口

---

* 原因可能在於元宇宙超脫空間及時間的限制，無時間的限制和衰敗成本，而生產的變動成本接近零，這使元宇宙市場規模近乎無窮，且大者恆大，很容易形成壟斷市場的高利潤企業。而當萬物聯網、去物質化，相關的數據都可以在AI的幫助下被分析並應用，進一步擴大商業規模及利潤。

回現實世界，改善人類的生活。

元宇宙的成本遠遠低於現實世界。在這裡，失敗並不需要付出代價，企業可以不停的在此進行創新及實驗，這就是業界耳熟能詳的 digital twins。像 AutoCAD 和 SolidWorks 這類模擬軟體早已廣泛運用，無論飛機或高樓大廈，都要先在虛擬世界設計測試過，才會在現實世界中實現，節省大量的原型製作費用和物資的浪費。這兩個軟體的母公司 AutoDesk 與 Dassault Systemes，市值高達 450 億與 550 億美元。

元宇宙對實體世界的貢獻不僅在降低「金錢成本」，也減少許多「外部成本」（externality cost）。以飛行模擬器為例，飛行員每年都需要進行數十甚至上百小時的飛行訓練，模擬器不僅能節省訓練的費用，最重要的是飛行員無價的生命安全能得到保障。在元宇宙中，失誤可以重來，先在元宇宙熟能生巧，再把技能帶回實體世界用。飛行模擬器的製造商，加拿大公司 CAE 市值達 70 億美元。

現代社會是建立在元宇宙之上的，例如微軟、輝達、發那科等企業在工業元宇宙的開發上大力投資，意味著製造業在元宇宙的協助下，也會變得更加高效節能。元宇宙進口業的商機不輸出口，**CEO 們，下個該從元宇宙進口的東西，是什麼？**

無限的元宇宙，與人類無限的欲望，
會激發出什麼新的經濟模式？

　　資源有限的地球，無法滿足人類千古不變的欲望＊。如何在「提升生活水準」與「確保環境永續」間找到平衡，隨著氣候變遷是愈來愈急迫的問題，而元宇宙可能就是解決這個矛盾最永續的辦法。

　　「無限」是元宇宙的特性，只要能想像出來，就可以創造出來，並如同現實世界一般地沉浸於其中。如果人類的欲望能在元宇宙中滿足，就不必耗用實體世界的資源，即可降通膨、又落實 ESG。這不是預測，而是進行式，例如近年來隨著人們的生活拓寬到元宇宙中，日常的物質需求似乎卻愈來愈少：實體相簿少了，實體影印紙少了，實體辦公空間的需求因為線上辦公而變少，甚至未來隨著自動駕駛技術的演進，實體車輛也會大幅變少†，元宇宙可以說是最環保的產業了。

　　過去，世界因發現美洲新大陸而有了翻天覆地的變化。大

＊　讓孩子有更好的教育、父母有更完善的醫療、任何人都能衣食無虞、過上更好的生活等等，這些都是人類很自然的欲望。

†　汽車可能是效率最低的資產，大部分時間都是在停車格內，使用率僅達5%。隨著電動車自動駕駛科技的進步，使用率也會跟著共享模式而上升，若5%的使用率增加到10%，那汽車的銷售量就能降低50%，大幅地節省地球資源。美國方舟資本（Ark Investment）的行政及投資總裁 Cathie Wood 也曾推測未來汽車使用率可達40～50%。Wood C.（2023, September 17）. Cathie Wood@CathieDWood. https://x.com/cathiedwood/status/1703363816157757880?s=46&t=2afoQFCfzUJ1KvsYbWL5Gg

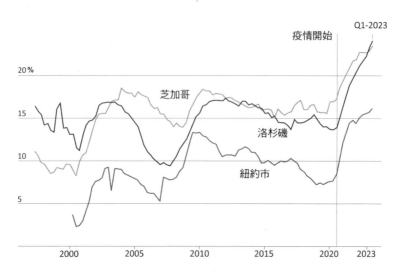

美國商辦空置率屢創新高

新冠疫情加速了人類辦公模式的改變，辦公室的需求在一些國家持續下降。

量的白銀重新定義全球儲備貨幣的結構，而橡膠與蒸氣機加速工業化的進度，讓西方諸國脫胎換骨、實力大增。新大陸的發現也重塑全球權力的版圖，中國歷史悠久的制度優勢不再，清朝鴉片戰爭失敗成為歷任掌權者念念不忘的恥辱，而在新大陸建國的美國得以稱霸至今。

　　現在，我們正在探索元宇宙這另一個「新大陸」，跟它建立嶄新的貿易。無國界的元宇宙擁有無限的產值，唯一消耗的是能源與時間。未來又有什麼顛覆性的經濟框架等著在此建立？又將如何改變世界的版圖？這片虛擬新大陸帶來的深遠影響，值得你我去期待、創造、見證。

··· 重點回顧 ···

- 科技的進步讓元宇宙蓬勃發展，帶來龐大商機，而生成式 AI 讓元宇宙更加真實。

- 元宇宙跟實體世界的經濟交流可以產生高獲利的商業模式。例如將商品服務「去物質化」到元宇宙販售，或者將元宇宙的產出「物質化」回實體世界。

- 元宇宙的出現就像再次發現新大陸，不但能帶給人類新的經濟機制，減輕物質消費對環境造成的壓力，甚至改變世界的版圖。

第十七章

不是比特幣

「火藥的真正功能，是讓所有人都能抬頭挺胸。」
——十九世紀英國歷史學家湯瑪斯·卡萊爾

　　火藥，作為中國古代四大發明之一，比起造紙、指南針、印刷術這些功能清楚的命名，火藥的「藥」卻似乎跟其現在的軍事與工業用途完全無關。

　　火藥的關鍵成分「硝石」是古人在煉丹過程中的意外發現，明代醫學家李時珍的《本草綱目》記載有「治瘡癬，殺蟲，辟濕氣瘟疫」的功效。我們常說有人的脾氣火爆就像吃了炸藥一般，殊不知古人一開始真的將火藥當藥方服用。

　　然而正因為其中的「藥」字，火藥在中國主要出現在煉丹爐中，戰場上的應用相對少。是透過絲路西傳，十五至十六世紀歐亞發明的「槍」與「攻城炮」才將火藥發揚光大，這些劃時代的武器轟倒了伊斯坦堡城牆八百年不敗的防禦神話，讓鄂

圖曼人得以建立第一個火藥帝國，從此改變了戰爭的樣貌。19世紀的鴉片戰爭體現了西方在「火器」上的科技優勢，清朝的挫敗更成為了中美博弈的歷史伏筆，火藥的震波，六百多年後的今天都還感受得到。

現在東西方對比特幣認知上的差異，與千年前的火藥類似 *。這次不是因為「藥」而是「幣」一字，讓亞洲將「比特幣」與性質完全不同的「加密貨幣」混為一談 †，注意力大多停留在金融投資上，卻鮮少討論「比特網絡」這非常特殊的科技結構，相關應用的研發也因此大幅落後。

「比特幣」只是「比特網絡」的貨幣功能而已

「貨幣」的確是比特網絡的第一個、也是目前最大的應用 ‡。比特幣不僅能實現安全而及時的電子支付 §，因為它的供給遠低於 GDP 成長速度 ¶，抗通膨特性堪比「儲存價值資產」

---

* 　此比喻最早由美國太空軍少校Jason Lowery提出。

† 　例如比特幣並不是證券，不似其他絕大部分的加密貨幣。

‡ 　在此指「硬貨幣」，也就是不易受政府與組織操控的貨幣，如黃金，有時也作軟貨幣的儲備資產用；「軟貨幣」則是法幣，由各國政府信用擔保發行的貨幣，是央行執行經濟調控的主要工具。

§ 　建立在比特網絡之上的電子支付科技如「閃電網路」，能達到性能超越傳統貨幣系統的小額、即時、廉價支付，並進而創造新的商業模式。

¶ 　當貨幣的成長速度高於經濟體所能產出的商品服務，就會產生錢愈來愈薄、通膨的現象。比特幣2022年的供給成長1.7%，2024年的「供給減半」後再降到0.8%，低於全球長年平均GDP成長3%，更遠低於各國動輒雙位數的貨幣成長率。

首選的黃金 *，因此同時被金融先進的西方國家，與銀行尚不普遍的第三世界採用 ❼⓪。

特斯拉、微策略（Microstrategy）等美國上市企業，將比特幣當作營運儲備資金（Treasury Asset），除了有節稅功能 †，更可以避免公司的資金受到通貨膨脹的侵蝕 ‡。聯準會主席鮑威爾在國會聽證會說：「比特幣有成為一種資產類別的潛力」❼①，難怪世界最大的 ETF 發行商貝萊德、基金巨頭富達集團，與 VISA、MasterCard 等支付機構紛紛推出比特幣相關服務 ❼②。

政府方也展開行動，美國貨幣管理局核准銀行經手比特幣集保服務，邁阿密、瑞士楚格（Zug）也開放市民用比特幣繳稅。薩爾瓦多的例子更是有趣，該國在 2021 年立法將比特幣列為與美元同等地位的「法定通貨」§，看似瘋狂的舉動背後，並不是為了投資，而是為了解決一個新興國家常常會遭遇的挑戰。

薩國在美國有兩百多萬人的移民與移工 ❼③，光是每年寄回國的辛苦錢就占了 GDP 的 24%❼④，是薩爾瓦多最重要的經濟

---

* 價值儲存工具（Store of Value, SoV）是貨幣三大功能之一。SoV資產的價錢在短期內通常不穩定，但長期有保護儲蓄、避免被通膨稀釋的功能。與短期內交易方便，但長期失去購買能力的法幣相反。

† 這是個短期現象，因為稅制尚未跟上新科技所產生的稅盾。

‡ 「現金對公司而言是種負擔……四年內會被央行稀釋掉一半的購買力」Shapiro, E. (2021, March 21). Why Microstrategy's CEO Bet Company money on Bitcoin. *Time.* https://time.com/5947722/microstrategy-ceo-bitcoin/

§ 薩爾瓦多沒有自己的貨幣，原本美元是唯一法定貨幣。

支柱。然而，透過銀行匯款的手續費高得嚇人，到了家人手中往往只剩不到七八成，且七成的薩國人民沒有銀行帳戶，要領錢更是麻煩的大工程。利用比特網絡安全即時的特性，僅用手機就能跨國匯款比特幣與美元，為人民大幅省下的轉帳成本。

這些上市企業及國家對比特幣的投入，顯示它已非昔日小規模的實驗性科技，比特幣如電子黃金一般的價值儲存功能，以及堪比電子支付的方便性，讓它市值一度超過一兆美元，勝過台積電。但這些都還只是在比特「幣」方面的運用，相較於比特「網絡」的重要性還是九牛一毛。

比特網絡：
最強大的電腦網絡，最安全的資料庫

比特網絡的運作其實很簡單，報刊常見的專有名詞也不難理解：「挖礦」就是記帳，「礦工」是記帳士，「區塊鏈」是帳本，整個系統其實就是最高安全性的會計，紀錄每個帳號餘額的相關資訊。

比特網絡每隔 10 分鐘記帳一次，花最多功夫計算的記帳士，負責將整理好的交易紀錄堆疊鏈接在舊紀錄上，就如桌上有一疊紙，中間的紀錄被另一層覆蓋，任何人都無法竄改。重點是這帳本只有一本，內容完全透明公開，卻同步分散在 134

比特網絡的「時間區塊」安全機制

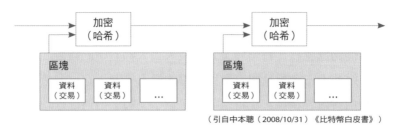

（引自中本聰（2008/10/31）《比特幣白皮書》）

中本聰在比特幣白皮書內從未用「區塊鏈」一詞稱呼該技術，而紀錄下來的是東西（Item），代表也可以包涵交易紀錄以外的資料。

個國家的電腦上 *，不僅過去的舊紀錄改不了，這散布世界各地「去中心化」的結構讓新交易也非常安全，除非駭客在記帳週期的 10 分鐘內取得超過比特網絡一半的算力，才有可能將新的交易紀錄調包。

　　但相較於許多其他的區塊鏈只是在幾台電腦或雲端伺服機上運算，比特網絡卻是全世界算力最高的電腦系統，要一夕間打造超過它一半的算力談何容易。早在 2013 年，所有投入比特網絡記帳的電腦，算力加起來就已超過世界前五百大超級電腦的總和 ❼，這個數字到了 2022 年又成長了兩萬兩千多倍 † ！算力取決於晶片跟能源，除了乖乖下訂單買晶片，運用成本最低的閒置綠能與廢棄能源參與挖礦記帳之外，沒有任何捷徑能

---

* 這些電腦叫做節點，做的是查帳員的工作，跟負責記帳的礦工間有制衡關係。

† 2013年底比特網絡的總算力是10,063 TH/s，2022年底為222,004,887 TH/s。

駭掉比特網絡。而這個例子只是比特網絡諸多防禦機制中的一環。

比特網絡過去十年來擁有完美的資安紀錄[‡]，期間不僅沒有被成功駭過，就算 2021 年擁有最高算力的中國宣布禁止挖礦，資料庫一夕間突然失去一半算力也從未停機，系統穩定度是當前任何商用軟體都達不到的。**比特網絡是世界上最安全的資料庫，且儲存的資訊不僅是交易，也可以是任何資訊。**

集龐大算力於一身的比特網絡是嶄新的資安結構，2019年底習近平宣布區塊鏈為國家策略，為的就是打造出像比特網絡如此安全、抗攻擊的資訊金庫[§]。

最穩定的人造系統

AI 與元宇宙如前幾章所提，在科技與人類的激盪之下能產生各種可能性；而**比特網絡卻剛好相反，它的特性在於如絕緣體一般，完全不受外界干擾。**這特殊的穩定性，是加密技術、硬體算力、賽局機制與各種偶然事件堆疊，演化出來的結果。下面兩個相互關聯的比特網絡特性，在人類史上極為特殊：

[‡]　自 2009 年運行以來的上線時間（uptime）是 99.99%，只有在初期的 2010年與 2013 年曾短暫當機過。

[§]　儘管安全性上還不能與比特網絡相比，中國在央行數位貨幣 CBDC 的區塊鏈發展仍領先他國至少五到七年。

A. 可預知的規律

本書的主旨在於討論三體世界各種的變化，但唯一能確定的，就是未來充滿不確定性。例如明年利息率會升／降多少趴？貨幣供給會增多或減少⋯⋯這些攸關投資布局與營運計畫最基本的問題，CEO 都想知道，卻連聯準會自己也不知道。相較而言，比特網路的運作完全可以預知，資料多久紀錄一次、供給增加多少等規律幾乎無法被改變，也無法停止，我們今天就已經知道這個系統未來每天、每年的狀態。比特網絡就像是一座恆動的節拍器，所有動作都遵循已知的規律，與捉摸不定的經濟恰成對比。

B. 人類無法左右

西方有句諺語：「一盎司黃金永遠都能買到一套精美的西裝」，是在描述黃金的購買力經得起時間的考驗，因此是首選的儲存價值資產，但就算如此，它的開採量也會隨著供需改變。價格低，開採就少，一旦價格飆漲，就算要飛到彗星採黃金，也是馬斯克曾想過的辦法 *。比特網絡則完全不同，不論需求增加或減少、價格是低是高，或任何的集團國家試著介入，比特幣的產量不會隨之調整，比特網絡的運作規律也無法改變。人造的比特網絡，產生了「抗人性」的特性，它的核心

---

* 資源只有價格的問題，沒有稀缺性的問題，只要價錢夠高，都有新的礦源能開採。

運作機制不再受人類左右[†]。

　　物以稀為貴，人世間最稀有的，是穩定性。人類自古以來就習慣與不確定性共處，因此遇到系統運作極端穩定的比特網絡，除了貨幣與投資，一時之間竟不知道該怎麼使用它。無法被破壞的資料庫，理當有更多樣化的商業用途與戰略價值，也的確已經有一些雛形，這裡是一例。

元宇宙地基

　　創業跟蓋房子一樣，地基最重要。

　　自從比特幣發明後，各種區塊鏈相關的新創如雨後春筍般冒了出來，其中不乏創意及潛力兼具的項目。然而，美國證券交易委員會主席 Gary Gensler 卻評到：「除了比特幣之外，這些區塊鏈項目都只有去中心化之名，無去中心化之實。」[76]「去中心化」之所以重要，是因為它決定了資料庫的穩定性，就像世界各地到處都有備胎，飛機有幾百顆引擎，就沒有「單點故障」的風險。地緣政治篇中寫過，不同的體制各有利弊。以自由主義為核心的比特程式碼，讓它**像個去物質化、儲存在元宇宙的民主結構，效率雖低，卻是最具韌性的系統**。比

[†]　嚴格來說，是深植比特網絡內的「自由精神」無法被改變。比特網絡身為開源軟體，任何人都可以改寫程式碼，創造不同的版本，其中也包括由世界最大的礦機廠商，聯合擁有最多算力的中國礦工們合作推出，但現已式微的「比特現金」。就算人們至今已成功發布過一百多個比特幣版本，最多人用、最有價值的一直是保有自由精神的版本。

特網絡因為無法被國家控制，踩到了中國的紅線[*]，中國前後兩次分別在 2017 年與 2021 年下達嚴厲的禁令，並將重心放在結構跟比特網絡不同的加密資產（crypto）與央行數位貨幣（CBDC）發展上。但就算如此也沒有影響比特網絡的運作，在中國境內的挖礦及市場交易在沉寂幾個月後，又逐漸回溫。這是一個極度穩定，連傾國家之力也難以撼動的資料庫系統。

　　當新創科技建置在新穎的區塊鏈上，雖然功能及速度很吸引人，卻忽略了區塊鏈最核心的優點，就是去中心化的穩定性，有些新的區塊鏈一碰上問題就停擺，讓創業家一切的努力都化為烏有。**CEO 進軍元宇宙時選擇區塊鏈地基，穩定性應是首要考量。**推特創辦人傑克・多西將下一世代的網路 Web5 建立於慢速但免疫於任何衝擊的比特網絡上，與現在流行的 Web3 分庭抗禮；而愈來愈多的數位創作也選擇儲存在比特網絡而非速度更快的其他區塊鏈上，其原因值得台灣的科技從業者思考。

台灣產業的好機會

　　比特網絡大概是最本土的台灣產業了，ASIC 模組、電源

---

[*] 人們愈了解比特幣，愈會對比特網絡建立在自由價值上的運作機制產生認同，不利於集權國家的思想管控，因此人權基金會（Human Rights Foundation）將比特幣稱為「自由思維的特洛伊病毒」。Gladstein, A. (2021, April 15). Bitcoin is a trojan horse for freedom. *Bitcoin Magazine*. https://bitcoinmagazine.com/culture/bitcoin-is-a-trojan-horse-for-freedom

供給、散熱器、連接線、網路卡、分流器、甚至精巧客製化的螺絲大都是台灣 ICT 及周邊產業做的†。而賦予比特網絡極致穩定性的算力，除了能源之外靠的就是台積電的先進製程晶片，韓國三星急忙開發 3 奈米製程，為的就是要搶食這塊挖礦大餅 ❼。

作為全球最重要的礦機算力與比特網絡零組件生產國，台灣具備贏在起跑點的優勢。當西方國家開始重視比特網絡的特質，運用台灣出口的算力，發展各式各樣的比特相關服務，例如「**穩定電網，減少碳排，提升 ESG 評級**」❼，促進風電**等再生能源發展** ❼，或利用「比特閃電網絡」的微支付功能來抵擋網路釣魚攻擊，增強資安防衛能力等等，我們何不放下「幣」的刻板印象，就如火藥不一定要當藥用，思考如何從自豪的硬體延伸，抓住比特網絡更大的商業及戰略價值？愈來愈多的商業模式與軟體服務將建立在比特網絡上，〈台灣篇〉也會描述如何利用其特性創建台灣獨有的商模。

牛頓定律：作用力必有反作用力

比特幣的早期投資者中，大約能分成兩種：一種是「科技人」，看到了區塊鏈的潛力，認為這極為穩定的資料庫科技，將徹底地改變資訊的儲存、移動方式。另一是專注於地緣政治與總體經濟的「宏觀人」，意識到**比特幣是世界趨勢的反作用**

---

† 但目前礦機大都是中國大陸品牌。

力與避風港：

　　當央行開始無限擴表，人們需要有限的錨定資產保護儲蓄；當經濟政策充滿不確定性，產業需要有規律、易懂的供需機制；當國家與機構偏向中心化收攏權力，社會需要去中心化的另類選擇；當追求高效率演變成脆弱的區塊鏈，就會引出新創對韌性地基的需求……等等。比特網絡誕生在世界走向極端之際，就像在失衡的天秤另一端放上砝碼。

　　面對 AI 與元宇宙，比特網絡也是扮演著反作用力一般的平衡角色。身為時光機的 AI 能透過無數次的練習破解任何系統，但唯有靠能源挖礦才能解鎖比特網絡，兩者相遇就變成資安角度「最強之矛」對決「最強之盾」情節，還不知道誰贏誰輸；心想事成的元宇宙能「無限」產出，然而摸不著、看不到的比特網絡，卻剛好是供給「有限」的系統，在未來的新經濟能產生錨定的作用。作用力愈大，反作用力也愈大，這就是比特網絡最核心的價值所在。只要三體世界的政經矛盾持續加壓，AI 與元宇宙持續擴張，人們對極端穩定的比特網絡需求就會愈高，而比特網絡這資料庫，也會日復一日、年復一年地記錄著這一切，直到文明的終點。

··· **重點回顧** ···

- 「比特網絡」是世界上最安全的資料庫，「比特幣」只是它的應用之一：貨幣。
- 比特網絡獨特的穩定性與可預測性，讓它成為虛擬經濟的新地基，未來許多創新與應用將建立於其上。
- 外力不易影響比特網絡的運作，在高度不確定的「三體世界」中，是一股強大的穩定力量，這就是比特網絡的核心價值。
- 台灣已是「比特網絡」中算力與硬體大國，若再向服務與商模延伸，商機無窮。

第四篇

台灣篇

百年契機

Source: AI 生成

第十八章

為下一代建立新經濟

「未來雖然感覺很遙遠，卻已經從現在開始」
——美國詩人馬提·史提潘尼克

這是一本為台灣的 CEO 與下一代所寫的三體世界米其林指南。面對由地緣政治、總體經濟與新科技相互交織而成的百年變局，兩位 James 希望超級 CEO 們，能從橫跨不同主題的章節裡找到策略的靈感，為您的企業謀求最大的福祉，造福台灣社會。至於我們的下一代，台灣必須在現有的經濟基礎上更上層樓，建立新的經濟模式，為下一代創造舞台，這是〈台灣篇〉的初衷。

超越貿易順差

一個國家的國內生產毛額（GDP）是由民間消費＋固定

投資＋政府支出＋淨出口所構成。對台灣而言，多年來政府與企業攜手打造的出口競爭力，讓淨出口（貿易順差）成為台灣最重要的經濟成長引擎＊，我們的出口依存度是世界上少有的高。2020 到 2022 年台灣的貿易順差平均占 GDP 比重 13.8%，中國大陸與韓國分別只有 2.8% 與 2.5%，在「安倍經濟學」下正值經濟第二春的日本則是負 1.5%†。**世界上兩百多個國家中，只有 13 國的貿易順差占 GDP 比例超過台灣‡，且大多是國際金融中心或原物料輸出國，像台灣一樣專注於製造業出口的，基本上就只有我們一個。**

出口作為經濟的主要引擎並不是問題，台灣幾乎沒有天然資源又地狹人稠，仍能成為出口強權、創造出全世界都需要的各種產品，是台灣人的驕傲。但這個在大平穩時代被運用到登峰造極的經濟模式，已經發揮到極限，沒辦法像早年再大量增加高薪就業，實質薪資並沒有隨著經濟成長同步提高，若又剛好碰上充滿不確定性的三體世界，就難免窮於應付。

＊ 貿易順差指國家的貨品與服務出口減掉進口後剩下的差數，若為負數則稱逆差。

† 順差不一定好，逆差不一定壞。高科技製造業出名的日本、世界主要金融中心英國，與具有成長潛力的印度、墨西哥等都是長年逆差。美國的逆差更是全球排名第一，後面22個國家的逆差加起來都沒有美國多，但就如〈總經篇〉討論到，在「特里芬結構」主導的全球經濟下，逆差即是美元霸權的基礎。

‡ 這13個國家（地區）中，人均GDP超過台灣的有盧森堡、英屬百慕達、愛爾蘭、新加坡、聖馬利諾、卡達、阿拉伯聯合大公國、汶萊；低於台灣的有亞塞拜然、加彭、尚比亞、安哥拉與剛果。資料來源CEIC，剔除數據不全者。

　　例如台灣處於全球供應鏈長鞭效應的最末端§，因而對世界的經濟週期變動特別敏感，國際市場稍有波動，台灣業者的訂單就會受到影響，這完全反映在財經媒體每天的報導上。相對而言，經濟有多個引擎、不完全依靠國外市場的國家，雖然遇到出口困難也會緊張，但整體影響卻也有限。事實證明，2023 上半年日本的出口雖然與去年同期相比負成長 6.0%¶，GDP 成長竟然創近年來新高**，而日經指數也重回三十多年前的高點††。

　　當經濟因為過度依賴順差而時有大幅波動，出口模式無法帶來實質薪資的成長，就代表台灣經濟成長模式再度革新的時候到了——我們若能跳脫框架思維，就可創造更多元的經濟機會，在護國神山的科技業之外為年輕人創造高薪就業機會，讓台灣的經濟能飛得更高更穩，以下希望拋磚引玉，分享兩個方案：

---

§　「供應鏈上需求被過度放大的現象，繪製成圖形後像極了一條甩動中的長鞭，因此被稱為『長鞭效應』。」李佳樺（2023/05/12）。為何全球半導體創 14 年來最慘跌幅？原因正是「長鞭效應」。*Cheers 快樂工作人*。https://www.cheers.com.tw/article/article.action?id=5101908

¶　日本2022上半年出口額為3,830億美元，2023上半年則為3,600億美元。

**　「日本今年第2季經濟表現意外強勁，GDP季增1.5%、年增6%，打破過往外界對日本經濟低迷的傳統印象。」賴宇萍（2023/08/16）。日本Q2經濟成長壓倒性勝利！最大功臣是「這國」遊客。*中時新聞網*。https://www.chinatimes.com/realtimenews/20230816004512-260410

††　日本的經濟也有龐大的債務與貨幣風險，但此例旨在表達國際貿易環境逆風狀態下，還是有方法讓社會仍然充滿經濟朝氣與工作機會。

淨出口占 GDP 比例（1994 ～ 2022）

—中國　—臺灣　—韓國　—日本　　　Source:CEIC

台灣近年來對貿易順差的依存度遠遠超過其他國家。

單引擎升級成雙引擎

　　CEO 當空中飛人到處打天下，但若要大家選搭雙引擎或單引擎的飛機，應該都會選飛雙引擎，感覺比較安全吧。經濟也是如此。如果將台灣比喻為一架飛機，台灣就是靠貿易順差這顆單引擎闖天下的國家，要讓經濟飛得更高更穩、為下一代創造更多更好的工作機會，台灣該升級成雙引擎飛機。

　　第二個經濟引擎的結構，最好要與第一個截然不同，才不會相互競爭資源，才能創造新的動能；設計上也要順應三體世界新趨勢，才能借力使力，幫助台灣飛得更高；運作機制如果

能跟出口形成互補的「蹺蹺板」更好，一邊下降、另一邊就上升，台灣經濟就能更穩定。這不是靠分散出口市場及產業就能達到，台灣需要再創造一個與製造業外銷完全不同的經濟模式。

第二引擎也要符合 ESG，愛惜台灣的資源與人才。台灣產業結構大幅仰賴理工專才，大學理工科系（STEM）畢業生比例超過 33%，在世界名列前茅，連第一名的德國也只多我們 4%。但是我們都知道，不是每個小孩都適合讀理工科，每個人都有獨特的天賦，第二引擎能不能為這 67% 的年輕人創造揮灑的天空？

台灣不缺人才，缺的是不分科系都能發光的產業。JL 之前服務的駿利資本集團（Janus Capital Group），負責規模百億美元資金的獲獎經理人中，不僅有財經出身的，也有大學主修哲學、歷史的，甚至還有人曾在台灣教英文，各個都表現卓越。若要降低經濟的波動性，又要提供下一代更寬廣的舞台，資本管理業是值得打造的第二引擎。

台灣在金融服務業上也可以大放異彩

我們在下一章提出的「普羅特斯計畫」（Plutus，希臘神話中的財神），具備上述第二引擎該有的所有特性。過去幾十年來，台灣的資本管理業一直不具優勢，但國際環境已經變了，「大分化」與「超限戰」為台灣帶來非常獨特的契機。若我們專注經營以安全為第一的新金融商模、導入新金融科技，

就能在全球資本面對三體世界高度不確定性時,創造獨特的
「利基市場」(niche market),並可服務儲蓄習慣完全不同的
未來世代,形成一個兼具寬廣護城河與高成長的新經濟模式。

台灣多年來的經濟發展,服務業不發達,不具國際競爭力
是事實,但這和時空環境、國家條件和歷史背景有關。但以台
灣人的聰明才智,難道我們只能做製造業?大平穩時代賦予台
灣的機會是製造業,三體時代來臨,繼製造業之後,歷史也給
了台灣在金融服務業上大顯身手的機會。這段時日,我們看到
很多台灣人在紐約、香港、新加坡等世界各地的資本管理產業
表現出色,本土的新創公司也不乏投入開發區塊鏈新金融的優
秀年輕團隊,台灣所缺的是提供一個讓這些人才和下一代年輕
人發揮的好舞台,「普羅特斯」無疑可以是這樣的國際級舞
台。

跟能源輸出國取經

半導體是二十一世紀的石油、現代文明的基石,以台灣在
半導體與 ICT 產業的競爭力,製造順差這顆引擎再持續個二
三十年應該沒問題。但任何的經濟模式都有相對應的副作用,
台灣該怎麼降低風險,可以參考跟我們一樣依賴貿易順差的能
源輸出國,看他們是如何走出不同的路。

能源包辦了挪威 2022 年 63.6% 的出口額[80],集中程度比
ICT 產業之於台灣還高,而挪威的貿易順差占 GDP 比重過去
三年平均 13.5%,跟台灣差不多。多年來,挪威先進的社會福

利與教育系統有效抑制貧富差距，並在幾十年前發現北海石油時，就預期到資源總有被開採殆盡的一天，因此成立專業的主權基金 NBIF 以留財於後代。這 27 年前開始營運的存錢筒，至今給每位國民平均存了約 20 萬美元，是挪威人的現代傳家寶。

另一個能源出超大國沙烏地阿拉伯，貿易順差平均占其 GDP 8.4%，少我們一點。沙國是中東地區第一大經濟體、世界第二大產油國，且位居歐、亞、非三大洲樞紐，在地緣政治和能源產業中都有足以撼動世界的影響力。王儲 Mohammed bin Salman（通稱 MBS）意識到石油這項資源可能只能再用個 15 年，而不是 50 年，因此積極運用主權基金 PIF 的外匯資源，在 2016 年宣布推動《2030 願景計畫》，**以達到經濟多元化為目標，沙國也積極的在打造它的第二引擎。**

在《願景計畫》的框架下，PIF 斥資五千億美元執行 Saudi Giga-Projects 四大計畫，分別為奇地雅娛樂城 Qiddiya、紅海計畫 The Red Sea、新未來城 NEOM 和社區翻修計畫 ROSHN。2023 年貿協在首都利雅德成立台貿中心，對沙國傾全國之力建立第二引擎特別有感。沙國主權基金 PIF 積極入股全球各地的新創及科技公司，以目前全球矚目的電動車為例，PIF 是美國電動車新創 Lucid 的最大股東，並且出資和鴻海精密合作成立沙國第一個本土電動車品牌—— CEER，都是建立石油產業以外多元經濟的實例。

半導體是二十一世紀的關鍵資源，世界 90% 的先進半導體來自台灣，而 OPEC+ 才占全球石油供給的 40%。台灣在對世界經濟的地位舉足輕重，不亞於挪威或沙烏地阿拉伯，而這

兩個貿易順差大國打造的經濟配方，都包含多功能的主權基金，值得台灣參考 *。

下一代的新經濟

　　面對全球新金融需求所打造的「普羅特斯計畫」，以及兼具平衡風險與協助產業發展功能的主權基金，是我們認為可落實、好處多、切合台灣所需的兩項計畫。它們都有同一個目的，就是在這全球局勢動盪的轉捩點，跳脫大平穩時期「錨定效應」的慣性，增加經濟韌性，讓台灣持盈保泰，為下一代創造好的機會與舞台。CEO 們，你們也可一起集思廣益，做出貢獻。

··· **重點回顧** ···

- 台灣的經濟成長高度依賴「貿易順差」，易受國際景氣波動影響，實質薪資不易提升，應積極打造經濟的「第二引擎」。
- 「大分化」賦予台灣發展資產管理業獨特優勢，面對全球新金融需求所打造的「普羅特斯計畫」，能創造高薪工作並增加台灣經濟韌性。
- 與台灣同為高貿易順差的能源出口國近年來積極經營主權基

---

* 　詳見第二十章。

金，用來平衡經濟風險並協助產業多元化發展，值得參考。

- 台灣篇希望拋磚引玉，為台灣尋找新經濟引擎，為一下代創
造更好的舞台。

第十九章

普羅特斯 (Plutus) 計畫

「開勞斯萊斯的人跟坐地鐵的人請教事情，
這景象只有在華爾街才看得到。」
——巴菲特

　　三體世界賦予台灣前所未有的資本管理競爭優勢：資本的
大分化，新舊金融的更替，與國際資本對安全性的龐大需求，
這三大趨勢同時出現，造就了台灣百年一見的彎道超車機會。

　　台灣的第二個經濟引擎，很有可能就是因為時勢而起，為
服務國際資本而建立的新金融中心。而它必須遠離傳統的金融
中心，適合建立在有山有海、交通便利又有藝文氣息的中南部
都市，我們就先稱之為「普羅特斯計畫」。普羅特斯是希臘神
話中的財神，這是一個要向全球資本招商的計畫，所以用希臘
神話命名。

普羅特斯（Plutus）雕像

古羅馬時期創作，
現藏於德國 Antike am Königsplatz 巴伐利亞州立文物博物館

希臘神話的和平女神厄瑞涅（Eirene）抱著還是嬰兒的財富之神普羅特斯，象徵唯有和平才能帶來財富。此雕像可能於羅馬帝國後期的狄奧多西一世時代完成，在那數百年爭鬥中難得的短暫和平時代，寄託著羅馬人對維持國家繁榮的期待。

宏觀契機之一：大分化將擴散到資本

　　2023 年的傑克森央行年會，歐洲央行主席拉加德（Christine Lagarde）公開呼籲，要大家為「國際貿易沿著地緣政治界線分化，會造成全球進口下降 30%」做準備 ㉛，「大分化」是玩真的，大部分的產業都將要在兩大陣營間選邊站。

　　金融跟實業相輔相成，各國紛紛提倡在地生產，再加上晶片戰爭的趨勢下，供應鏈與科技都已經開始為了選邊站布局，對應的金流當然也得開始注意，不能隨意跨過大國博弈的戰線，並提供資金履歷的認證，三體世界需要有一個提供這項服務的新金融中心。

　　大分化在不久的未來將吹進「資本」的世界，但在過去全球化時代致力服務各國客戶、以獲利為第一目標的華爾街，卻可能無法勝任這新任務。當極度金融化的世界，碰上分辨金錢來源的新需求，未來「您的金流有履歷」的認證，就像是 CEO 們所熟知的產品碳足跡認證一樣，可能是談生意的基本入場券，也是能支撐一整個城市繁榮的龐大商機。

　　基於國安考量，資本進出都要經過投審會與央行嚴格審核，台灣是檢視金流最有經驗的國家。台灣能為大分化時代新需求提供最好的服務，那何不趕快立起招牌做生意呢？

宏觀契機之二：新舊金融改朝換代

　　金融的範圍很廣，運作也非常複雜，例如外資要買一張股

票，在彭博交易系統上點下去，就會啟動投資銀行、商業銀行、證券交易商、基金會計、投顧會計、審計、法務、合規與政府監管部門，各種專業的合作夥伴環環相扣的連鎖動作，而這都還沒算上基金內部營運、投資與 IT 的 SOP。

這個合作網絡所構築的競爭壁壘，就像精密的機械手錶內各種齒輪不斷相互推動一般，缺一不可，更不能慢半拍。所以金融中心一旦成氣候，就能屹立百年，並享有零污染、低耗能，與最頂尖的利潤。

這麼寬廣的護城河自然不是任何新競爭者一朝一夕能相抗衡，但是**在新科技加速貨幣戰的背景下，傳統的金融中心也必須面對新的挑戰**，台灣可以利用時機建立新金融中心，服務來自三體世界的各種新需求。

英文有個諺語：「滑到冰球將要去的地方，而不是跟著它跑。」[82] 形容超前布局，重於跟隨。

許多統計顯示，新世代的年輕人不僅工作習慣與三觀都很不同，連資產配置的習慣也不一樣。從小就生活在元宇宙的 Z 世代、阿爾法世代，「不僅愛看抖音，也愛黃金與加密資產」[83]，隨著新世代當家，股票與債券可能都將不符合他們的儲蓄習慣。

事實上，許多國家早就開始卡位，甚至走得比新創公司都還前面：例如自 2019 年以來，至今世界上已經有 113 個國家的央行跟進 CBDC 與 m-Bridge 等數位貨幣的研發[84]，薩爾瓦多等國則將比特幣列為法定貨幣，再加上俄國以黃金及原物料強化貨幣韌性，而能抗衡美元制裁，傳統金融系統同時面臨新

科技與地緣政治的衝擊。

　　橋水基金預測，資本世界將面臨如重新洗牌一般「系統重置」[85] 的混亂，照目前的狀態持續下去，預言很可能成真。也難怪拉加德會一反央行中性溫和的發言慣例，大聲疾呼：「我們或許正走入一個經濟關係重塑，既有規律被打破的時代。」[86] 在這樣動盪的大洗牌時刻，台灣不僅能靠「您的金流有履歷」的品牌在舊金融圈異軍突起，「普羅特斯計畫」更應結合嶄新的科技與商模，鞏固台灣在新金融世界的一席之地。

宏觀契機之三：動盪的三體世界

　　面對充滿不確定性的環境，人們最希望的就是能夠安心，希望儲蓄能不受世局動盪影響。「普羅特斯計畫」是以金融韌性為目標，為三體世界量身訂做的新商模。

商模之一：全儲備銀行

　　全儲備銀行就是不會亂動客戶存款、讓客戶安心的銀行。若發生類似矽谷銀行暴雷的事件，客戶也不用擔心為了領錢要跟人擠破頭，更不用擔心若「存款保險」保障的三百萬額度不夠賠該怎麼辦。*

---

* 「倘要保機構經其主管機關勒令停業，中央存保公司將在最高保額新臺幣300萬元內，依法賠付存款人，以保障存款人權益並維護金融安定。」中央存款保險公司 (n.d.)。存款保險常見問答。https://www.cdic.gov.tw/main_deposit/faq.aspx?uid=59&pid=59

存多少進去，就能拿多少出來，這簡單的需求，卻是現在世界上幾乎所有銀行都做不到的事。

現代銀行系統將存款放大數倍借出去的「部分準備金」模式，在大平穩時代能活絡經濟，存戶也能收到利息，但碰上擠兌就脆弱不堪。美國債市與中國房市的波動，一些銀行在 2023 年也開始出問題。若要銀行回歸它的原始使命，好好保管客戶的存款，十七世紀荷蘭應對貨幣戰發明的「全儲備銀行」（Amsterdam Wisselbank）[†]，可能就是三體時代最安全的創新模式。

全儲備顧名思義，就是存款全部都儲備起來，沒借貸、沒投資，也就沒有擠兌與轉投資淨值的風險。雖然少了放貸的利差收入，但只要能夠服務全球資本，利用高效率的 AI 節省成本，也可以變成一門薄利多銷的好生意。美國懷厄明州已經開了幾家這樣的銀行，甚至聯準會前副主席退休後創立的銀行也是全儲備銀行。[37]

商模之二：比特網絡

人們想要的，不過是全年無休、穩定安全的跨國儲蓄轉帳系統，這也是為什麼各國開始嘗試 CBDC 與 m-Bridge 的原因，但其實世界已經有一個安全性超越這些國家級的區塊鏈、無法駭、無法搶、連戰火都無法摧毀的轉帳系統：比特網絡。

俄烏戰爭是活生生的例子，戰爭之初國際湧進烏克蘭的捐

---

† 參見〈貨幣戰〉章，荷蘭擊敗西班牙的故事。

款，因為傳統匯款系統受到戰火影響變得不穩定，錢不一定收得到 **❽**，政府趕緊增加了加密貨幣的選項，募到的錢不僅至今超過兩億美元 **❾**，安全即時的特性更讓烏克蘭政府能馬上用來購買戰略物資。後來更有難民分享，敘述當時選擇去提款機排隊領錢的人逃不出來，而他們帶著比特幣與家人卻成功撤離的故事 **❿**。

台灣社會進步，生活穩定，感受不到比特幣對世界的重要性，然而在經濟動盪的阿根廷 **❶**、或是基礎建設落後的非洲 **❷**，運作穩定的比特幣是人民日常的儲蓄與交易管道，甚至形成普遍的社會共識，因此一些國家紛紛將專注力放在比特網絡相關產業的發展。

比特網絡運作依靠的硬體大多是 Made in Taiwan，若「普羅特斯計畫」跨足它的金融應用層面，就像從賣鏟子擴展到更高利潤的售後服務，並不會太晚，也不會太難。

商模之三：過冬糧

為了以備不時之需，小至個人大至國家通常會留一筆保命錢，過冬糧。全球資本通常把這筆資金存在美債與定存，但若連它們都開始出問題，就代表保命錢的規格需要升級了。

保命錢應該要能應付各種三體世界可能發生的危機。已經擺在眼前的貨幣戰、大分化？沒問題。停滯性通膨、大蕭條重演？沒問題。來自 AI 以及量子電腦的駭客危機？沒問題。這才是夠格的保命錢！

然而傳統華爾街能處理這些「黑天鵝」風險的服務是少之

又少，費用昂貴的海外避險基金「理論上」勉強可以處理一部分風險＊，但只有少數超高資產戶能參與。銀行提供給廣大社會的選項，都是建立在大平穩時代的慣性上，碰上極端狀況根本沒地方躲，若不信，各位 CEO 可以拿上述的條件去考考您的理專，看有什麼方案能應對。

人們需要專為亂世設計的保命錢，除了可以融入「全儲備銀行」與「比特網絡」的設計之外，營運流程與資訊安全，BCP（持續營運計畫）的設計等等，從裡到外都需要全部重新設計。安全第一，而不是獲利第一，這種服務理念或許顛覆慣例，但將會是資本市場的一股清流，讓台灣成為各國資本在三體世界最重要的夥伴。

意想不到的優勢

2016 年仲夏，國際金融中心（IFC）39 樓窗外維多利亞港的風景如畫。繁忙的船隻、閃爍的海面和那遠處起伏的群山，是繁榮的香港最具代表性的風景之一。

當時的香港尚未經歷反送中，窗內是亞洲金融中心的群峰之頂，投資界最頂尖的盛德律師事務所（Sidley Austin）。現代感的會議室內，桌子對面坐著精通日文與文言文，能一嗅道

＊ 著名基金經理人 Mark Yusko 曾調侃，避險基金（Hedge Fund）因為多年的牛市，心態放鬆，沒有真的在做避險，所以世界需要的是「已避險基金（Hedged Fund）。」避險基金就算有執行避險操作，也只能應付市場震盪的投資風險，無法抵抗來自地緣政治與新科技的營運風險。

出普洱茶年份的美國合夥人律師，P。

　　P：「我的預言要成真囉，沒簽 CRS 的美國因為能保護個資，要取代瑞士變成新的全球資產管理中心了。你們台灣也沒簽呀，要不要準備一下，說不定有機會超越新加坡呢。」

　　超越新加坡的機會？有這種好事，怎麼外國律師知道，而我們自己會不知道？CEO 們應該都還記得，那兩年台幣對美元匯率一路從 33 升到 29，台灣嘗試二十多年「亞太金融中心」都追不到的國際資本，在新環境下變成要倒追台灣，過去國際孤立的處境，讓台灣意外地和美國一樣具有保護存戶個資的優勢，*這是大環境賦予台灣的機會†。一位新加坡的投資界朋友私下表示，希望台灣永遠不會發現自己有這些優勢。

3% 是什麼概念？

　　試問各位 CEO，資產的多少比例存下來作「過冬糧」比較合理？每個人的答案或許不同，但 3% 至 5% 應該差不多，而這就是「普羅特斯計畫」的市占率目標。這個計畫並不是要跟傳統金融競爭，也不是要提供各種琳瑯滿目的資本服務，而

＊　人們提供給銀行的個資，在國與國之間是流通的。CRS規範下可交換的個資包括姓名、住址、稅務屬國、稅務編號、生日、出生地、帳戶號碼、帳戶餘額／價值、與申報銀行細節等，資訊的互換由各國財政部或相關公家機關負責執行。

†　政府在分享存戶個資前，能先確認用途符合道德法規，提供符合國際反洗錢反避稅規範、清廉營運，同時又可對客戶個資把關的服務，這是新加坡、瑞士等已經簽署CRS的金融中心所做不到的。

是在因三體世界而生的「利基市場」中，成為安全第一的品牌。

對於習慣聽到先進半導體 90% 市占率的台灣人而言，3% 聽起來好像很少，但小兵能立大功，我們來算算 3% 的經濟效益。

- 「普羅特斯計畫」的潛在客戶包括公司與國家，但純粹拿瑞士的老本行、私人財富管理產業為例，麥肯錫估計是個年營收近 3,980 億美元的產業 ‡，3% 市占率代表 119 億美元。

- 另外從「管理資產規模」（Asset Under Management, AUM）角度切入，世界上約有 30 兆美元的資本放在私人銀行，3% 市占率代表管理近 1 兆美元的資產，是新加坡 3.9 兆美元 AUM 的四分之一 ❾。若用 1% 的管理費來算，年營業額約 100 億美元。

- 「普羅特斯計畫」100 億年營收的目標應該合理，但竹科的營業額超過 500 億美元 ❾，看來還差了一大截？其實不然，科技業要付出高額成本給國外設備及原料供應商，**而對於資本管理業，薪水才是最主要的營運成本，能在台灣創造高薪的工作，成為國內經濟的活水。**換句

---

‡ 2022年全球銀行總收入是6.5兆美元，其中財富管理收入為3,980億美元，占6.1%。Dietz, M., Kincses, A., Seshadrinathan, A., Yang, D. (2022, December 1). *McKinsey's Global Banking Annual Review*. McKinsey & Company. https://www.mckinsey.com/industries/financial-services/our-insights/global-banking-annual-review

話說，「普羅特斯計畫」的 100 億營業額，大部分是台灣「實賺」的金額，跟 ICT 產業不同。

四十年來在台灣科技業與新竹科學園區的努力下，成就今天「綜合所得新竹市以 152 萬元，連續四年位居第一」的發展成績。而靠著「普羅特斯計畫」的新金融產業，未來中南部的城市何嘗不能跟新竹並列收入雙冠呢？

有了這第二引擎的經濟推力 *，台灣的經濟韌性就會提升，不必擔心過度依賴出口。

本小利多的普羅特斯

傳統產業要做一百億的生意，光蓋廠房買設備可能就要花個五百億，但「普羅特斯」剛好相反，做一百億的生意，創立成本卻遠低於這個數字，更重要的是隨著規模成長，也不太需要投入更多的資金，管理學叫做「低變動成本」（variable cost），這就是華爾街超高獲利的秘密。

金融中心對水、電、土地、硬體資源的需求很低，「普羅特斯」需要的是能吸引人才的工作居住環境，穩定嚴格的法治

---

* 順差增加，資本就必定外流，太過度就會造成經濟風險，這是「國際收支平衡」（Balance of Payment）的定律。解決方法絕對不是把出口壓低，那會等於把你唯一的引擎拆掉。但要將資本活水留在台灣，用貨幣、財務、福利政策去刺激內需，往往是一時之計。把這個定律倒過來操作，創造能夠吸引全球資本的生意，讓高薪的經濟效益在社會擴散，自然就會形成健康熱絡的國內經濟，與出口雙管齊下擴大經濟，這就是「普羅特斯計畫」的初衷。

規範，透明先進的稅務制度，與對接全球資本的專業外語能力。

遠離華爾街的誘惑

若台灣要建立新金融中心，地點就必須遠離舊金融中心。駿利集團刻意設在科羅拉多州的洛磯山脈邊，而巴菲特在人口比彰化縣還少的內布拉斯加州，遠離大都市的喧囂與華爾街的誘惑，有助於養成更獨立的研究思維，因此「普羅特斯」不妨考慮設立在南部有山有海、環境優美、能吸引國際人才的地區。

另一個遠離舊金融圈的理由是「創新者困境」[†]，**遠離舊金融圈的引力，才有辦法創新**。就如 Nokia 眼看安卓手機與 iPhone 興起，卻始終無法痛定思痛改變手機設計，傳統車廠被特斯拉彎道超車，要培養跟金雞母覓食習慣不同的新創，對於這些大恐龍都是難事。同樣道理，美國金融創新走在最前面的並不是紐約，反而是懷厄明州與德州這兩位金融門外漢，在短短幾年內建立完整的新金融法規，部分「普羅特斯計畫」的商模正是受到它們的啟發。

台灣對創新並不陌生，也一直勇於創新。半導體在 80 年

[†] 《創新的兩難》一書於1997年出版克雷頓・克里斯汀生（Clayton M. Christensen）著作，解釋了為何市場在位者會因專注在現有產品而錯失良機，讓掌握破壞性創新的企業趁勢攻占市場山頭。

代是高風險的冷門新科技，負責推動半導體產業國家計畫的胡
定華博士 ❾，當時也才三十出頭；60 年代讓台灣經濟開始起
飛的加工出口區，更是當時獨步全球的創新模式。「普羅特斯
計畫」應該要以大膽創新的概念運作，以「您的金流有履歷」
為號召，並以資金安全為訴求，發展新金融科技商模，服務全
球資本。

台灣經濟的避險機制

「普羅特斯計畫」不僅能為台灣創造零污染、高收入的工
作機會，創造國內經濟的活水，更重要的是還有「避險」的功
能。

作為出口導向國家，我們幾乎沒有能受惠於強勢台幣的
產業，加上台灣人是世界上最愛買保險的民族，保費占 GDP
比率世界第三 *，台幣一走強，不僅出口競爭力會受影響，愛
買外債的保險業還可能產生龐大匯損 ❾。有了「普羅特斯計
畫」，台灣可以像瑞士一樣，同時擁有受惠於弱匯率的鐘錶出
口業，與受惠於強匯率的資產管理業，不論匯率走弱或走強都
能互補受益，降低經濟波動性。

---

* 「台灣保險業2021年保險滲透度（保費收入占GDP比率）為14.8%，位
居全球第3名，僅次於香港的19.6%與開曼群島的21%。」王冠樺
（2023/04/04）。台灣平均每人2.6張保單！定期5要點檢視 確定保險真的
有效益。經濟日報。https://money.udn.com/money/story/12040/7076958

重點是提供高薪就業

「普羅特斯計畫」最重要的目的，是為更廣大的年輕族群創造優質就業機會，吸引國際資本流入只是達成創造就業的手段，所以「普羅特斯」跟傳統純粹吸引外資的 FDI 或引導台資回流的策略不同。[†]

「普羅特斯計畫」是用瑞士的資產管理模式，打造台灣上述特有的競爭優勢，以客戶資產的安全為第一，利用科技創新為全球資本做好保管的任務，這種寬護城河、高產值的商業模式，才能讓台灣賺到穩定的管理費與高薪的工作機會，並成為台灣經濟的第二個引擎。要打造成功的「普羅特斯」，我們在語言、人才、監管與稅制上需要努力，但機不可失，這些都是可以克服的問題。我們必須有像當初創立加工出口區與投資半導體一樣的魄力，成立一個面對全球、定位清楚、並獨立運作的「普羅特斯計畫」。

問答集

對於這一個創新的概念，讀者們一定會想到很多問題，我們整理幾個較重要的如下：

[†] 例如引導股市熱錢或台資回流，但沒創造高薪工作，就會造成資產泡沫化的問題；外國直接投資（FDI）則因為島國台灣猶如容量小的電池，能發揮的建設空間一下就飽和了，生意做不久。

- **台灣是不是藉機牟利呢？**

  順應國際局勢，利用特殊優勢，為台灣人創造合法合規的高薪工作，本來就是天經地義。就像〈貨幣戰〉章中所述，荷蘭在十七世紀利用通膨成立全儲備銀行，並晉身為海洋霸權一樣，台灣現在也碰到一個歷史機遇期。

- **地緣政治讓大家擔心台灣的安全，如何說服國際資本錢放台灣？**

  這在〈地緣政治篇〉已有說明，事實上透過創新科技與營運結構，就能做到「就算台灣有事，普羅特斯的存款也沒事」。獨步全球的安全性，是「普羅特斯」的特殊創新之處。

- **台灣會不會成為國際反恐反洗錢的漏洞？**

  答案是不會的。「普羅特斯」提供明確的金流履歷，這跟洗錢所需要的低監管環境，剛好相反。台灣反恐反洗錢的政策與實踐符合國際規範，「普羅特斯」當然用更高標準自我要求。

- **與國際傳統金融體系是合作還是對立？**

  「普羅特斯」必須跟國際金融系統對接，才能提供專業服務，運作才能成功。因此是合作夥伴、上下游與供應商的關係，不是競爭者關係。

- **跟台灣 OBU（國際金融業務分行）有什麼不同？**

  「普羅特斯」的三個特點是金流履歷、新金融科技與著重金融安全性的商模，跟傳統 OBU 不同。客戶群主打全球資本，非只是台商，因此從營運合規、IT 架構以

及語言上也都要完全跟國際資本市場接軌。

··· 重點回顧 ···

- 全球資本面對「大分化」的新趨勢，需要認證「金流履歷」的新金融服務。
- 新舊金融系統更替之際，「普羅特斯」能結合新科技，鞏固台灣在新金融的一席之地，服務儲蓄習慣不同的新世代。
- 透過全儲備銀行、比特網絡與「過冬糧」等創新商模，為動盪的三體世界提供安全第一的儲蓄服務。
- 「普羅特斯」的地點需要遠離舊金融圈的引力，才能創新。而且必須培養國內人才、吸引國際人才，完整地與國際資本市場接軌。
- 「普羅特斯」的目的，是協助台灣降低經濟的波動性，並為年輕世代創造零污染、高收入的工作機會，成為台灣經濟的活水。

第二十章

謹慎一點的主權基金

「事情在成功之前，看起來總像是不可能的。」
——南非國父曼德拉

　　近年來各國為了因應三體世界的百年變局，開始調整外匯存底策略，廣積糧、築高牆，各種保衛外匯資產的措施中，可以清楚看到「主權基金」扮演重要的角色。

國家保健的新趨勢

　　外匯存底像血壓，有個正常區間，若太高出現紅字，往往就代表經濟在某處失調，需要調整。台灣外匯存底占 GDP 比例超過 70%，在國際上名列前茅，遠超過學界建議的 15%，鄰近的中國、日本與韓國多年來也都不超過 30%。近年來許多國家更開始重視活化貿易順差的收入，並主動降低外匯存底

比例，吹起國家降血壓、顧健康的保健新潮流。

〈為下一代建立新經濟〉討論到，台灣經濟靠出口晶片，沙烏地阿拉伯靠出口石油，兩個國家不僅經濟模式相近，人均GDP 差不多都在三萬美元出頭＊，十年前連外匯存底的 GDP占比也平起平坐。但近年來在王儲 MBS 所籌劃的《2030 願景計畫》影響下，加速挹注外匯資源到主權基金 PIF，外匯存底的 GDP 占比因此連年下降，到 2022 年只剩下 39%，是 2013年 92% 的一半不到。這一切都是為了建立經濟的第二引擎，為「後石油時代」做的準備†。

半導體與石油一樣，都是現代文明的命脈，但半導體的優勢會隨國際環境改變，也跟石油一樣，不是永遠取之不盡、不被淘汰的資源。沙烏地超前部屬的用心，值得我們參考。

美債的美麗與哀愁

上段討論到外匯存底對 GDP 的水位比例，那外匯存底本身的投資組合呢？過去數十年台灣人努力打拚的貿易順差，幾乎都流入外匯存底，央行轉而將這些美元大部分投入流動性與信用最好的美債，碰上持續四十多年的債券大牛市，不僅幫

＊　2022年台灣的人均GDP為32,756美元，略高於沙烏地阿拉伯的30,436美元。

†　「後石油時代」有可能是人類減碳成功，石油乏人問津的時代，也可能是多年來探採油氣不足，造成結構性供需失調，石油貴到不易取得的時代。

助台灣安度過 1997 年的亞洲金融風暴，還為政府賺了不少利息！

台灣外匯存底內比例最高的美債 [97]，在過去或許是最適合的選擇，但如今已經不是如經濟學課本上說的「無風險資產」。2022 年長期美債就跌了 31.2%[*]，造成台灣壽險業的淨值危機，英國退休基金面臨融資追繳，知名的矽谷銀行等銀行倒閉，甚至連當莊家的各國央行也難以倖免：瑞士央行虧損破 115 年紀錄 [98]，聯準會也是 107 年以來第一次蒙受虧損 [99]。美債造成的這些影響，都是會影響各國人民生計與政府運作的大事，並不是像散戶常說的「沒賣就不算賠」，一語帶過。

既然有風險，就需要避險，因此各國央行開始不約而同地少買美債，改買黃金避險。例如新加坡央行 2023 年上半年外匯存底的黃金持有量就增長了 48%[†]，這種資產結構的巨幅改變，通常代表其內部對國際政經局勢的長期評估有所調整，而不是短期投機性的操作。這些國家是否是看到貨幣戰烏雲密布，因而開始準備呢？

---

[*] 以長期美債ETF（TLT US）為例，含利息收入。Yahoo! Finance (2023, September 10). Ishares 20+ Year treasury bond ETF (TLT) performance history. https://finance.yahoo.com/quote/TLT/performance/

[†] 「世界金融協會的市場分析師Kristen Gopaul指出，自去年12月底以來，新加坡的黃金持倉已增加了48%。」香港匯通財經（2023/09/01）。全球央行在行動！黃金儲備從未停歇 新加坡、卡塔爾大買黃金 利比亞儲備增至創紀錄水平。*Investing.com*。https://hk.investing.com/news/commodities-news/article-377572

外匯存底占 GDP 比例圖

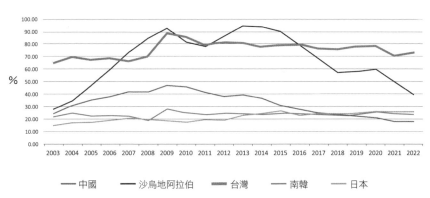

%

2003 2004 2005 2006 2007 2008 2009 2010 2011 2012 2013 2014 2015 2016 2017 2018 2019 2020 2021 2022

—— 中國　　—— 沙烏地阿拉伯　—— 台灣　　—— 南韓　　—— 日本

鄰國的比例不僅遠低於台灣，近年來一些國家更有積極降外匯存底比例的趨勢。

分散風險、謹慎一點

　　台灣經濟模式的「集中性」非常高，經濟成長高度依賴貿易順差，而貿易順差賺的錢又集中放在外匯存底，外匯存底的投資又集中在美債，儘管每一個環節都有分散風險的方法，但因為這幾十年來都很順利，我們的思維也習慣性的錨定在此一模式。在大平穩時代，這個策略的確是台灣經濟繁榮的重要推手，但是當大環境改變了，就需要注意分散風險。

　　面對三體世界的「百年變局」，將貿易順差都囤在外匯存底與美債，不一定是最佳選項；**分散風險，針對經濟弱點補強，或像沙烏地一樣投資未來，才是謹慎一點的作法。「主權基金」跟外匯存底有互補功能，多年來廣獲全球許多國家採用，值得台灣參考。**

台灣主權基金的一大功能是避險

主權基金的確有活化外匯、為人民賺錢的功能，例如新加坡與挪威的主權基金都為每位國民存下超過 20 萬美元的積蓄，但對於經濟模式集中的台灣而言，主權基金一個很重要的功能是避險，並不只是賺錢。

主權基金能幫助分散「資產配置」的風險，確保外匯的雞蛋不是全放在同一個籃子內，除了這項投資最重要的基本功之外，主權基金還能進一步幫助降低「經濟風險」。

簡單來說，我們經濟模式所缺乏的要素，就透過主權基金想辦法補回來。例如有些產業在台灣「毛三到四」，大部分獲利集中在國外的供應商或大客戶，我們可以透過主權基金的投資，參與他們的經營與分紅，讓台灣人的勞力獲得更多回報；又例如台灣的能源原物料依賴進口，主權基金能投資海外能源及天然資源項目，並對進口價格進行對沖操作，當國際能源原物料漲價，就能平衡風險，降低台灣經濟的波動性。

這些都不是以支持國內新創為主的國發基金，以及有定期支付義務的退休基金能做到的，需靠國際上行之有年、有專業營運模式的主權基金才能達成。不僅如此，主權基金還有為外匯與經濟避險之外的重要產業、國安與國際布局的功能，對台灣來說一舉數得。

掌握國際話語權

踏實做事的台灣在國際資本市場上太害羞、太沉默了。2023 年巴菲特在股東會上表示「投資日本比投資台灣自在」*，近年台灣半導體產業的國際競爭者也非常熱心，四處宣傳台灣的地緣政治風險。**失去話語權對企業以及國家來說，小則影響股價，大則造成整個產業被迫轉移，台灣若有個主權基金在資本市場為自己發聲，會比政府的文宣還夠力。**

因為三體世界的到來，台灣從來沒有這麼重要過，大家對台灣觀點都很好奇。資本市場的特性就是圈子封閉，對資訊來源的審視嚴苛，比起投行報告、公司法說、甚至官員政策演講，主權基金與外資機構類似，都是身為投資方（buyside）†的「圈內人」，若在各種投資場合對國際資本市場上最重要的利害關係人分享台灣觀點，相信這是最有效的溝通方式。

主權基金可以主導論述、能分享台灣觀點，捍衛台灣企業的權益，更可以是 CEO 們在這波台灣公司走向全球化過程中，最重要的夥伴跟引路者。

---

* 「巴菲特在波克夏海瑟威公司的股東會上提到台積電時表示，『這是一家了不起的公司』，然而，『我們把資金配置在日本，比配置在台灣』讓他更自在一些，『這就是現實』。」中央社綜合外電報導（2023/05/07）。大讚台積電了不起！巴菲特：但投資日本比台灣自在。中央社。https://www.cna.com.tw/news/aopl/202305070041.aspx

† 投資界分為 buyside 與 sellside，大家耳熟能詳、常辦投資高峰會、發表研究報告的高盛、摩根史坦利是發行方（sellside）；掌握資本，執行投資工作的則是行事低調的投資方（buyside），如橋水基金、富蘭克林基金等。

　　投資方一個很重要的角色，是扮演跨國競爭者間、供應商跟客戶間的溝通橋樑。若是規模達百億美元以上的基金*，大都是直接跟國際大企業的 CEO ／ CFO 對談，若跨國、跨產業公司老闆互不相識，或不方便直接對話，基金往往就變成互通訊息的重要渠道。例如過去 JL 在外資時，就曾協助北美大空調業者向日本知名公司傳達進入北美市場的痛點，以及協助跨國的挖土機製造商互通訊息，討論中國房地產趨勢。若台灣有主權基金，有話語權，不就是協助 CEO 掌握全球最新產業動態最好的管道嗎？

　　2023 年越南車廠 VinFast 的電動車公司在美國上市，市值一度超過福斯汽車，而至今募資超過 190 億美元的特斯拉，市值更是超過所有傳統車廠的總和。無論是否合理，**高估值就代表能集到巨額資金，用充沛的資源將競爭者遠拋在後**。台灣上市公司的估值長年偏低，較少在華爾街募資，一部分原因在於我們缺少專業投資者關係（investor relations）的文化與機制，且就像〈地緣政治篇〉討論到的「遊說」，這不是外包給公關公司就能做得好的工作。台灣需要主權基金來當領隊，跟全球資本界打好關係，開拓國際溝通的管道，並分享給 CEO 們。

　　企業在三體世界的競爭必定更加激烈，純粹靠管理與效率領先已經不能保證成功，CEO 必須提升能力，尤其國際「遊說」與「資本」這兩個建立在有效溝通上的強大推力，值得政

---

* 百億規模在主權基金的圈子內不大，挪威規模超過一兆美元，韓國的主權基金也近一千七百億美元。

府與 CEO 一起努力。

台灣需要掌握資訊

　　主權基金身為投資方，需要以極為專業嚴謹的手法，對重點地區、產業、公司與產品做深入的研究，才能勾勒出未來趨勢。這研究成果可以拿來投資賺錢，也可以拿來協助國家在地緣政治、總體經濟、與產業科技面建立更獨到深入的洞見，而不是只依賴「國外研究」的資料，或者外包給顧問公司。

　　企業在跟專業機構投資者對話時，會對策略思維與營運細節做深度的交流，資訊的含金量遠超過一般的新聞稿與法說會簡報，不僅能協助分析產業經濟趨勢，甚至能勾勒出超限戰的樣貌。例如中國著名科技公司，早期常跟投資者討論追蹤用戶談話的技術，了解人們心裡想什麼，因此發行遊戲時都大受歡迎；某閉路電視生產商在上市路演時，也會分享他們人臉辨識的 AI 技術遠超過臉書，是政府維安的好幫手，並準備大量外銷到特定國。這些都是投資會議中披露的資訊，但唯有如主權基金的投資方（buyside）才能取得。

　　瑞士的傳奇網球選手費德勒曾經說過：「非受迫性失誤是打輸一場球賽最容易的方法，你必須要確認對手得到的每一分，都是他努力得來，不是你給他的。」國與國，企業與企業的競爭，也跟一場網球賽一樣，就是比誰的「非受迫性失誤」少。

　　台灣擁有主權基金，對世界的脈動就能有更高的敏感度，

不僅能提供經濟的避險，更是多一個了解產業與地緣政治趨勢的機制，協助國家與產業更有效制訂決策，降低非受迫性失誤。

成立主權基金，沒有大家想得那麼難

朝野在討論主權基金，重點幾乎都在怎麼避免貪污、運作如何透明化、資金哪裡來、成敗該由誰負責……有人提前想了好幾步，提問如何才能跟阿拉伯國家搶贏人才，也有人提出主權基金能不能保證不虧錢的憂慮。但我們必須了解，**這些挑戰都是其他擁有主權基金國家已經克服、走過來的，可以說沒有一件是台灣才有的問題。**

上個世紀高速成長的亞洲四小龍，如今只有台灣還沒成立自己的主權基金。韓國在 2005 年認清國家需要「維護並增加外匯在未來的購買力，奠定國家長遠經濟發展的基石」，也迎頭趕上設立主權基金。2023 年立法院討論修法發展我國主權基金，若台灣也有這樣的共識，與其花心力爭辯，何不如討論要如何克服這些困難？

若其他國家可以，相信我們也可以，更何況台灣公司的全球化才剛開始，主權基金是這條路上協助 CEO 最重要的好夥伴。

••• 重點回顧 •••

• 外匯存底跟血壓一樣，不是愈高愈好，剛好就好。近年各國有主動降低外匯存底，並利用主權基金協助分散風險的趨勢。

• 主權基金能強化台灣的國際話語權，協助台灣企業跟他國公司溝通，並打通華爾街的募資門路，CEO 們應該樂觀其成。

• 主權基金為了投資所做的研究成果，可以協助政府與產業了解世界局勢，訂定相關策略，這是主權基金很重要的功能。

• 國內所關切的主權基金相關問題，其他國家都已克服。只要有共識降低外匯風險，為長遠經濟布局，並協助台灣企業的全球化，設立主權基金的困難都可以解決。

第二十一章

台灣的全球化才剛開始

「旅行會教導我們世事。」
——日本現代化推手坂本龍馬形容國際化的重要性

　　2022 年 12 月 7 日，台積電創辦人張忠謀先生在美國亞利桑那州的晶圓廠移機典禮致詞中說到：「全球化幾近壽終正寢、自由貿易幾近壽終正寢，許多人仍然希望一切能夠恢復舊觀，但是我不認為能夠起死回生。」

　　這短短的一席話，點出了三體世界的經貿矛盾。一方面，新冷戰促使各國建立韌性供應鏈，把人民就業擺第一的各國政府推動「在地化」，用各種政策手段及補助優惠吸引先進產業設廠；另一方面，對於所有營運重心放在亞洲的台灣企業而言，「全球化」的新課題才剛開始，一切都需要重新學習摸索，就算是台積電這掌握世界大部分算力的公司，也不例外。

對全球化的正面態度趨緩…

全體受訪者中表示同意「全球化對我國來說是好事」的百分比

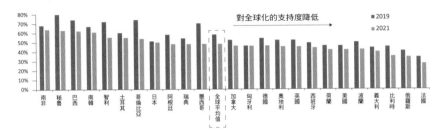

…但在許多國家大多數人仍支持外國投資

全體受訪者中表示同意／反對「跨國公司對我投資是我國成長和擴張的關鍵」的百分比

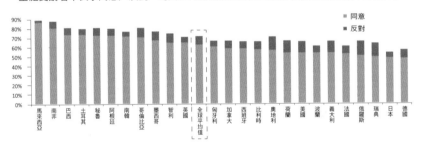

近年來各國人民對於「全球化」的態度趨冷，2021年支持率跌到50%以下，
同時大部分仍支持「海外對內投資」。⑩

大平穩時代的全球化對台灣企業而言，是中國化

1987 年政府開放兩岸探親，引發赴企業赴中國大陸投資潮。光是 1993 年一年之中，向經濟部投審會報備赴中投資的申請就高達 9,329 件。再加上有些台商是以外商身分進入中國，三十多年來累積的投資廠商數量難以計數，但實際數字一定十分驚人。根據金管會的統計，2022 年赴中國大陸投資的台灣上市櫃公司多達 1,210 家，占全體上市櫃公司總家數之 71.94%，中小企業赴中投資更是不計其數。

大平穩時代的全球化，對台灣企業而言幾乎等於中國化。我們的企業習於經營中國大陸從地方到中央的獨特政商關係，大家都很熟悉的一句話：「有關係就沒關係，沒關係就有關係」，就是台商在中國大陸生存法門的最佳註腳。雖然台商的海外投資也橫跨全球、不限中國，但其他地區全部加起來與投資中國的規模仍是小巫見大巫。

台灣新一波全球化才剛開始

美國政府雖定調為無意與中國完全脫鉤，但也確認美中關係必須「去風險化」。台灣的企業別無選擇，也需要跟上這去風險化的思維，重新調整投資生產布局，迎向新一波的全球化。這是另一個「大航海時代」的開始。

台商花了三十年摸索與中國大陸做生意的門道並建立當地

關係，如今中國不再扮演台灣企業走向世界的主要窗口，我們正在被迫向外拓展，而中國經驗未必適用。與各地工作文化及法規的磨合更是一大障礙，墊高進入新供應鏈的學習成本。然而在地化（Localization）是一門專門的學問，是企業的必修課。為了在新一波全球化中繼續占有一席之地，台灣的 CEO 們開始需要重新學習世界各地的國情、民族性、習慣、制度、文化，儘快融入，才能真正扎根全球市場。

　　半導體業就是最好的例子。過去大平穩的全球化時代，基本上只需專注在台灣生產就好，現在所謂去全球化的時代，半導體業反而必須到全球各地設廠，協助客戶打造韌性供應鏈，提供在地服務。[101] 同時國際上的半導體大廠英特爾也不遑多讓，大舉到德國投資設廠，三星則加碼投資美國，顯然為了建立區域韌性供應鏈的「新全球化」正方興未艾。

國際化第一站

　　2021 年 7 月，貿協與美國在台協會合作出版了《供應鏈重組的關鍵領航報告》，主張全球將分為八個區域生產中心，所有的國家都會致力打造韌性供應鏈，並預測美南墨北將形成另一個世界級的製造中心。隨後情勢的演變，包括美國政府先後兩次發表的供應鏈評估報告，與我們書中的觀點幾乎不謀而合，2023 年墨西哥更取代中國成為美國最大的進口夥伴。[102] 2023 年 1 月，美墨加協定（USMCA）的三國元首在高峰會中宣示將製造業拉回北美墨。在 2023 年 6 月，貿協與

電電工會、電路板公會合組大型企業團訪問墨西哥及美南的亞利桑那州、德州、奧克拉荷馬州等地，親自見證在岸生產（reshoring）及近岸外包（nearshoring）。在政策的加持下，美南墨北展現旺盛的經濟與科技活力，一個橫跨各領域的世界級科技及製造中心正在成型中，全球化不是只有科技業的大公司才要思考的課題，眾多台灣企業勢必都得踏上征途。

美南墨北只是其中的一區，東南亞、印度、中東歐在供應鏈重組的大勢下都十分活絡，連以沙烏地阿拉伯為首的中東地區也躍躍欲試。未來一二十年對於台灣企業而言，是繼過去三十年中國化之後迎向全面全球化的新時代。

文化差異的課題

在新冷戰大分化的環境下，台灣企業必須認真考慮至美日歐先進市場布局，但高營運成本及文化差異問題，卻往往讓業者卻步。這容易讓人忽略這些先進國家的優勢、潛力及決心。工作文化並不是無解的問題。

舉最近很熱門的美國為例，美國員工強調工作與生活的平衡，而台灣的工程師則可以隨時半夜爆肝幫公司解決問題。然而工作文化是視時代需求而改變，例如 1960 至 1980 年代，美國半導體業從創業到面臨日本強烈競爭時，展現不眠不休的拚

勁 *，在一些行業創業者的回憶錄中都有提到。後來因為美國選擇了製造外包及「出口美元優先於出口製品」的經濟路線，製造業的工作文化才有所轉變。

西方國家與企業並不缺乏打拚的 DNA。在這個資本主義利潤至上的國度，華爾街有大批為利益犧牲睡眠的菁英。Amazon、Netflix 等科技公司能打遍全球無敵手，靠的是一套能激發出員工超乎水準創新與效率的制度。而美國作為民族大熔爐，移民帶來的是拚搏與創業的膽識，在生存競爭中背水一戰，並將勤奮的價值觀帶到企業中。也難怪 44% 的標普 500 公司 CEO 都來自移民家庭 ❿，而科技業巨頭如谷歌、微軟、輝達、超微（AMD）等的 CEO 更是亞洲移民，而且其中兩家來自台灣。

找到有效的溝通，建立有向心力的在地公司治理，是台灣企業全球化最重要的功課，CEO 們需要嚴正看待。日本企業的國際化早台灣數十年，日本車廠在 80 年代赴美設廠時，所遇到的問題和台灣企業現在面臨的大同小異，他們也是走過這段學習曲線，才能成功在美國立足，並成為全球品牌。

---

* 資通訊業經典案例是微軟的比爾蓋茲，這位現在為全球公益四處奔走的企業家，當年率領他的野蠻軍團以急行軍的速度一再打敗競爭對手。因為微軟只有在面對強勁的對手時，才會真正展現實力，擊垮對方。

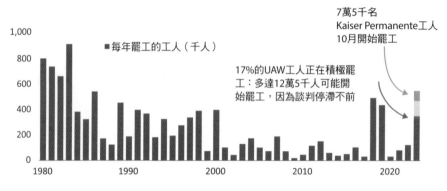

美國罷工人數（1980 ～ 2023）

2023 年的罷工人數是 1983 年以來最高。

　　隨著經濟環境的改變，CEO 們全球化需要面對的挑戰除了文化之外，又多了一層：公會與罷工。2023 年美國罷工人數，創 1983 年以來最高，不僅台灣 CEO 對這沒經驗，連歐美公司的年輕主管也都沒經歷過。活躍的工會對當地經濟不是壞事，但卻是台灣公司全球化時，需要學習處理的另一個課題。

新一波的全球化會掏空台灣嗎？

　　答案是不會。台灣人是全世界最適合從事製造業的民族，全世界都是台灣的舞台，全球化是台灣企業必走的一條路。

　　大平穩時代，給了台灣人絕佳的練功機會。台灣是移民社會，數百年來，來自不同地區的移民為這個島嶼注入多元文

工會參與率與聯準會利息圖（1983 ～ 2022）

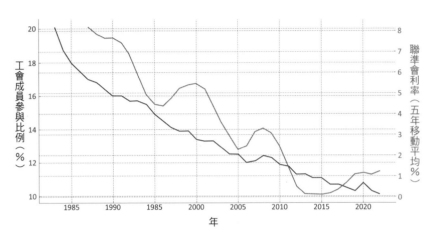

公會的活躍度與通膨利率似乎有正向關係。

化，以及吃苦耐勞、冒險犯難的精神。又因為天然資源缺乏，必須用盡各種巧思以求生存，造就了極高的效率和彈性。這樣的民族性，讓台灣人在大平穩時代，成為全球供應鏈最重要的管理者及關鍵零組件的生產者。台灣企業界多年來累積的know-how，是我們在全球供應鏈重組時寶貴的資產，也只有登上世界舞台，才能全面發揮我們的能量。

　　從現實面看，台灣地狹人稠，更缺乏電、水、勞動力來支撐更多更大的產能。過去三十年我們的產業規模愈做愈大，到海外設廠早已是進行式。面臨新的全球化擴張趨勢，如果硬是要求企業必需全部在台灣生產，台灣有限的資源如何能因應？台灣的企業要更上層樓，就必須要走上全球化的這條路，猶如

幾十年前的日本車廠一樣。

　　台灣人出國時喜歡聽到當地有鼎泰豐分店，但碰上製造業全球化就有技術與人才外流焦慮，怕台灣會被掏空，經濟成長會失去動能。然而**提振台灣經濟動能的重點在於打造經濟的第二引擎，甚至是多元引擎，而非阻止台灣企業向海外擴張，我們應該樂見其成**。

CEO 做功課，迎向台灣的全球化

　　過去的地緣政治現實塑造了台灣企業獨特的競爭模式。台灣人提著行李箱全球拓銷，也低調深耕在地化的 OEM，將水平整合發揮到爐火純青、單一產品做到全球第一的企業不在少數。同時，台灣企業卻較少循著全球大集團的成長軌跡，達到一定的規模之後，開始在世界各地多元經營。原因是舉凡配合跨國法律規範、資本運作，或在當地的政治遊說、勞工關係等這些企業全球化要處理的重要工作，過去對於台灣公司而言都像是一道玻璃天花板，難以突破。

　　但就如過去地緣政治的現實塑造了台灣獨特的經商策略，三體世界為台灣打開了迥然不同的新機會。在大平穩時代，全球供應鏈高度集中在中國。在新冷戰的大分化時代，各國基於國安考量必須打造韌性、區域化、在地化的供應鏈，這對台灣這個擁有最核心的供應鏈管理和生產 know-how 的國家，是非常好的機會，世界各地都需要台灣。台灣的核心能力經過在地化的引導與轉換，可以複製到世界各地。轉換的過程雖然很辛

苦，但是我們必須確保在未來大分化的世界，台灣仍然位居全球供應鏈的主導角色。

　　台灣等了幾十年的東風已經來到，過去累積的實力得以釋放，面對這一波新全球化，台灣的 CEO 們有了更大的使命與許多功課要做。這些功課和大平穩時代的台灣模式不同，包括全球化營運所需要努力學習的各種訣竅，更重要的是踏出舒適圈走向世界的決心，策略與自信。

··· **重點回顧** ···

- 「大平穩時代」對台灣產業而言是中國化，而隨著「大分化時代」到來，台灣企業的全球化才剛開始。
- 全球化是台灣企業必走的道路，有效的溝通，有向心力的在地治理，是台灣企業全球化最重要的功課，CEO 們需要嚴正看待。
- 提振台灣經濟動能的重點在於打造經濟的第二引擎，甚至是多元引擎，而非阻止台灣企業向海外擴張。

第二十二章

韌性的垂直整合

「成本不是拿來算的，是拿來削減用的。」
日本豐田 Just in Time 系統創始人大野耐一

　　在 2000 年狂風大作的三月晚上，一道閃電擊中了飛利浦位於新墨西哥州半導體工廠的電源線。工廠燈光閃爍，冷卻風扇短暫停頓，然而看似微小的突發事件，卻引起了一場改變整個產業的地震。

　　儘管工廠職員迅速滅火，但有八盤的半導體晶圓在這短暫的火災中損毀，成千上萬的手機晶片也隨之報銷。作為飛利浦（Philips）的兩大客戶、同時也是彼此在手機市場上的對手，諾基亞（Nokia）和愛立信（Ericsson）在接獲消息後，做出不同的選擇。諾基亞憑藉著商業直覺，迅速決定在市場上尋找替代的晶片來源；而愛立信卻對飛利浦信賴有加，選擇耐心等待產能恢復，但後續發展卻不盡人意。

　　短暫的火勢為大片生產區帶來難以收拾的落塵，污染每一個角落，半導體工廠全面恢復生產的日子一拖再拖。長期缺乏核心零件讓愛立信在市場競爭中愈趨落後，最終決定放棄其手機製造業務，諾基亞也因此稱霸手機業，直到 iPhone 與安卓系統出現，版圖才再度受到挑戰。

　　當時台灣與中國尚未加入 WTO，全球貿易規模也還不到如今的四分之一，但在那個全球化精密分工還未發展到極致的年代，飛利浦的故事就已經引起建立韌性供應鏈的呼籲，並在幾年後刊載於《經濟學人》雜誌上的專欄[104]。時隔多年，全球供應鏈受 Covid 與烏俄戰爭影響而短暫斷鏈，從晶片甚至到牛肉都面臨嚴重短缺，大國衝突更使制裁與禁運層出不窮。面對「如墮五里霧中」的經商環境，企業家開始重視韌性供應鏈，成為主流發展方向。

Just in Time[*] 變成 Just in Case

　　「安全大於效率」是三體世界對韌性供應鏈的共識。一方面由、可信賴的盟友安排友岸或近岸外包，印度、墨西哥、台灣、越南等是這個趨勢的受惠者；另一方面則是從生產營運面著手，例如〈總體經濟篇〉討論到的選邊站、多元化、運用新

---

[*]　豐田發明的Just-in-Time系統，意思是一切的生產環節都精密地配合在一起，不留多餘的備料，每一個製程間也不浪費一分一秒，是水平整合、全球分工的極致範例。

科技等，都是能強化企業韌性的做法。然而，**世界已發生根本性的變化，產業鏈及企業結構要增強韌性，需要從更核心的企業結構著手。**

專業分工外包、產業水平整合，是大平穩時代追求最大效率下的產物，也是幾十年來商學院教授的必勝法則；這種模式集中注意力於一項產品，精益求精，推高產量，降低成本，以打敗競爭者並成為隱形冠軍為目標。

至於上游的原料、工廠內的大小機械，甚至財務與 IT 等營運功能，都可以交給分布於世界各地、不同專業的廠商來負責。全球供應鏈有如精密的機械手錶，齒輪環環相扣，在分工合作與效率至上的原則下推動世界經濟的運轉。

台積電就是水平整合做到巔峰的榜樣。想像若它在半導體代工之外，又設計晶片、投資原物料、甚至自創手機品牌，還會一樣成功嗎？**「水平整合」之所以被載入教材，靠的是高度的專注力與營運紀律，非常難做到，也值得敬佩。**

相反地，人性通常較傾向「垂直整合」，例如日本與韓國的「財閥」（Zaibatsu），手握重金四處併購整合，觸角廣泛，過程往往浪費珍貴的資金與資源。因此每當外資碰上這類營業項目龐雜、貫穿多種產業上下游的「綜合企業」（Conglomerate），估值計算都會先低估打折，再看值不值得投資 *。

但近年來連巴菲特都投資業務內容繁雜、財報有如黑盒子的日本商社，不禁讓人聯想是否風水輪流轉，**在充滿不確定性的三體世界，全球分工的「水平整合」充滿了風險，而結合供**

應鏈上下游資源的「垂直整合」反而是較具韌性的結構。

垂直整合是近年來的商業秘密武器

美國著名商業分析師 Rana Foroohar 在英國《金融時報》寫得很好，「如果我是跨國公司的老闆，為了對多角的（能源）市場新形態進行有效地避險，公司會積極地讓生產與銷售在地化、區域化，**並著手推動集團的垂直整合，以降低供應鏈通膨與上下游供需不定的衝擊。**」[105] 垂直整合由來已久，過去的台灣手機股王 HTC，就是垂直整合的手下敗將。HTC 靠著無比的創新能力，在 2008 年成為第一個搭上安卓浪潮的公司，也因此一度獨霸天下。但當世界邁向人手一機而使得銷售量直線飛升，隨著出貨量突破三千萬支大關，HTC 的供應鏈就開始落後，複雜的製程造成連續兩年旗艦機出貨不順利。在這種銷量以億計的新市場型態中，將 HTC 取而代之的是掌控 AP 處理器、記憶體、螢幕等關鍵零組件，甚至建廠自行組裝的三星，以及量能大到自成產業體系的蘋果 iPhone。兩個都是垂直整合的贏家，智能手機的成功商模就是垂直整合。

福特發明的流水式生產線，讓世界看到「分工」對生產力的飛躍性加乘效果，而大平穩時代低利率、低風險環境，更是

---

* 綜合企業折讓（conglomerate discount）描述多角化經營的集團估價，低於其各部門的總和值的情況。原因在於「綜合企業」通常無法有效管理各種不同的業務，因此其盈利和現金流獲利相對較低，股票的估值也因此受市場打折。

讓全球分工、水平整合的百年趨勢得以持續，對產業慣性的影響至今根深柢固。但就如三星打贏 HTC 的例子，更適合科技時代的生產模式，可能是從完整供應鏈出發的垂直整合。

垂直整合的速度、品質、創新與數據優勢

　　CEO 都能感受到，現在追求的是更快的創新速度、更精密的設計，與更穩定的品質；而成本效率取向的水平整合，可能會跟不上這些新競爭力需求。掌控產品每個環節的細節與動向，設計及生產的無間配合，才能分秒必爭地領先競爭者。蘋果多年來的策略就是如此，例如併購跟「本業」無關的 IC 設計公司，這些乍看不符合商業邏輯的行為，都是為了建立垂直整合這道護城河。

　　近年來特斯拉與比亞迪對傳統車業彎道超車，更是垂直整合的成功例子。當汽車變成裝上四顆輪子的電腦，將運作推向數位化，無論是馬達、電池、中控系統甚至雲端服務都突然成為了新的競爭關鍵。多年來傳統車廠不斷以外包模式降低成本，以仰賴外部技術來換取微薄的利潤成長，最後掌握在手中的僅剩下組裝與品牌，一旦碰上電動汽車的競爭才試著重新學習關鍵技術，就趕不上了。

　　「數據」被稱為新世代的資源，是賦予垂直整合競爭力的另一個重要因素。回到電動車的例子，特斯拉之所以成為傳統車廠的勁敵，不僅僅是傳動科技上的突破，更有早期 Model S 在全球各地蒐集的實駕數據，與貫穿工廠的製造數據，讓特斯

拉對產品的各個面向有更深入的了解。這些透過垂直整合蒐集的內部數據，能賦予公司更精準進步的能力，且難以被外界仿效，構築起堅固的競爭壁壘。

AI 是垂直整合的助手

製造是一門很複雜的學問，沒有絕對正確的答案，也不一定所有公司都適合垂直整合，例如台灣自代工產業起家，許多隱形冠軍就是誕生於全球分工的產業結構。但若 CEO 想要嘗試垂直整合，門檻也不像過去的高，例如〈產業科技篇〉討論到的 AI 強大的內包能力，是簡易垂直整合的好幫手，而垂直整合所仰賴的國際資本操作，在未來也許也能有主權基金的協助。

確定的是，成本效率為先的水平整合，在三體時代的衝擊下已慢慢被韌性供應鏈取代，**規模經濟的重要性下降，也代表小國、小公司有更多的機會在國際上競爭，時勢對台灣有利。**對於需快速反應，創新需求大的產業，CEO 不妨嘗試以數據驅動、可攻可守的垂直整合，學習特斯拉在一眾競爭者中彎道超車。

重點回顧

- 高效率的水平整合是大平穩時代的長勝策略，但垂直整合更能協助企業抵擋三體時代的政經風險。
- 垂直整合適合講求速度、創新與品質的商業環境，內化的供應鏈上下游數據，更是增強競爭力最重要的資源。
- 水平整合的式微，規模經濟的重要性下降，可能代表小國與小公司有更多的機會。
- AI 是中小企業垂直整合的好助手。

中國篇

逐鹿天下

Source: AI 生成

「一萬年太久，只爭朝夕。」
——毛澤東

　　身為世界第二大經濟體和崛起中的強權，中國近年來的政策和行為，時常被認為不按牌理出牌。這究竟是一種隨性的戰術攻防，或是背後有更高層次的全盤戰略？事實上，深入觀察中國的領導人所做所為，不難發現他們始終保持著高度的一致性，自建國以來根本的政策理念幾乎未曾改變。

　　中共是一個有獨特意識型態和世界觀的政黨，從建黨之初到後來建政開國，黨國一直深受馬列主義及毛澤東思想的影響。毛飽讀中國傳統典籍，塑造出一個激進時比任何人都狂熱、但務實時比任何人都冷酷的政黨。在延安時期，中共可以打著開明的土地改革者的旗號，迷惑了美國的記者和外交官，毛也可以在重慶高喊蔣委員長萬歲。同樣的場景到了大平穩時代，中國選擇了韜光養晦，改革開放不離口，全力發展經濟，少談價值觀的問題，讓國際社會誤以為它對意識形態的堅持有所改變，而忘了它的核心價值與戰略邏輯卻始終未變。

　　隨著中國羽翼漸豐，面對三體世界的國際秩序矛盾，它

不再選擇低調，而是堅定地展現中國獨特的價值觀和意識形態*。以西方的視角看待中國，常常看不清楚其真實意圖，認為這些行為怪異不合常理，但實際上這是中國根據自己的世界觀所進行的戰略博弈。現在，中國與西方主流價值的對抗日趨激烈，無疑是二十一世紀最重大的一場賽局。

兩個 James 在三、四年前洞察到的超限戰趨勢，近期像電影情節般一幕幕地上演成為現實。我們把前文的一些內容串接起來，呈現給 CEO 們一個連貫的中國視角：看似互不相干的個別事件就像一片片的拼圖，綜合起來看就是個深謀遠慮、已經進行十幾年的超限戰計畫，並將**透過進一步的大國博弈，與其盟友建立一個獨立的韌性經濟圈，成為掌握重要產業根基、影響力遍及全球的霸權**，而貨幣更是這計畫的核心。

中國為經濟韌性預作準備

中美互為對手，做的事情卻如出一轍。新冠疫情讓美國領悟到供應鏈不能受制於中國，所以全力推動「在岸生產」；中國則早在十多年前就意識到依賴美元的風險，試著建立「在岸資本」來提升自己的經濟韌性。

美元是習近平實現「中國夢」的一大障礙。中國每年進口超過六千億美元的原物料，如果都是用美元支付，不僅對美元

---

* 超限戰不單純是國力擴張到一定程度後，跟他國產生摩擦、爭權奪利的方式，更是中國對世界秩序的深度批判。

體系會產生依賴，更讓金流暴露在美國的監控下，外匯存底也有被制裁的風險。而在「一體化」的資本世界[†]，「我們的美元，是你們的問題」[‡]，每次聯準會出招中國就要跟著接招，經濟主權不算完整，也難以獨立自主地走「中國特色社會主義」的道路。

　　這裡必須強調，美元與美債是兩個不同的系統，常常被搞混。美債是世界儲備資產，但美國政府嚴重的赤字與債務造成美債的結構性問題，一些國家的外匯資產也都開始出現減持美債、增持黃金、買資產買股票的趨勢[§]，但這些交易用的都還是美元；反觀美元則是護城河最寬廣的貨幣系統，壞消息愈多就愈強勢[¶]，目前還沒有任何國家的法幣能跟它硬碰硬。美元扮演世界儲備貨幣、加上石油美元（Petrodollar）與海外美元（Eurodollar）牽動全球能源與金融市場，讓世界各國擺脫不了這個 1971 年後形成的美元體系，就像蘋果產品與服務環環相扣的生態系，讓果粉想戒也戒不掉。

　　中國若要脫離美元的引力圈，唯一的方法是必須新舊科技雙管齊下，從貨幣的本質來著手。就如中國電動車以馬達取代燃油引擎，換掉車子的核心動力，才能彎道超車歐美日韓車

---

† 參見〈大分化〉一章。
‡ 美國前財政部長康利在1971年說的名言：" Our dollar, your problem."
§ 參見〈謹慎一點的主權基金〉一章。
¶ 「有些東西會從震撼得到好處；當暴露在波動、隨機、混亂和充滿壓力因子的環境中，它們反而苗壯成長……且讓我們稱之為反脆弱（antifragile）。」納西姆‧尼可拉斯‧塔雷伯（2013/07/01）。反脆弱：脆弱的反義詞不是堅強，是反脆弱。大塊文化

中國及能源輸出國的貿易順差圖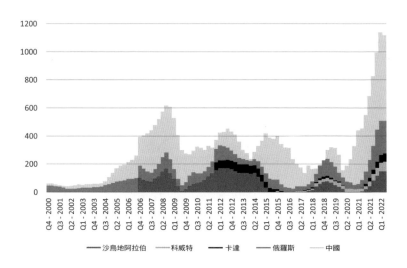

近年來極權國家享有全球最大比例的貿易順差，是全球化的受惠者。

廠。那美元的本質是什麼呢？就是它與過去的儲備貨幣不同，沒有黃金等硬資產為儲備支撐 *，唯一靠的是上述的生態系，使得美元成為全球商貿計價單位 †，以及靠著世界對聯準會的「信賴」來運作。

---

* 1971年「尼克森震撼」美國放棄金本位後，美元就沒有硬資產做為儲備支撐。

† 貨幣有三大功能：交易媒介、價值儲存以及計價單位，其中計價單位功能對大國博弈最為重要。80%的國際貿易以及將近40%的全球債務以美元計價，美元若不能獨霸全球金融、貿易的計價單位，就無法成為國際儲備貨幣。耳熟能詳的「石油美元」就是美元計價地位的體現。

　　中國目前的策略，是利用美元系統的遊戲規則來增強自己的國家利益，例如透過海外美元建立一帶一路，以及挾全球化之勢傾銷全球；但一二十年後的長期戰略則可能是讓人民幣回歸金本位，或者轉型成數位貨幣。無論哪個方法，總之就是要跟美元的本質區別開來才有機會脫身。

十年磨一劍

　　伊朗與俄國分別在 2013 與 2014 年受到經濟制裁後，中國便如火如荼地增強經濟韌性，過去十年做了哪些準備呢？我們來回顧一下：

　　2014 年初《超限戰》作者、中國少將喬良在解放軍《國防參考》公開發表擺脫美元霸權的策略。同年夏天央行主席周小川宣布成立「中國人民銀行數字貨幣研究所」，開啟央行數位貨幣新賽道‡。隔年 2015 年國務院成立「一帶一路建設工作領導小組」，利用海外美元的放款機制在第三世界推行基建外交，同時為聯準會利率武器化、美元走強的可能做防禦性準備§。同年，中國開始從西方大量進口黃金，加上中國本身就是開採量第一的國家，至今累積的黃金儲備估計已遠

---

‡　參見〈央行數位貨幣〉一章。
§　若美國升息與強美元造成違約，中國能獲得來自世界各地經濟及軍事上的戰略資產，參見〈美元的多重宇宙〉一章。

超過美國的八千噸[*]。這黃金儲備不僅成為 2016 年啟動的「上
海金」[†]——黃金人民幣定價期貨的信心基礎，相信也是為未
來人民幣金本位的可能性做準備。2018 年中美貿易戰開打的
幾個星期前，中國更開通石油人民幣計價交易[‡]，這個如「石
油美元」一般的「石油人民幣」在三年內就拿到 7% 的全球交
易量市占率❿。中國是全球能源最大的買主，「客戶永遠是對
的」，因此幾個能源大國也紛紛在 2022 年宣布接受人民幣支
付。

　　上述幾個重要事件排列在一起，就可以看到中國縝密的戰
略輪廓，個個都是針對「美債儲備資產」與「美元計價功能」
兩大核心所精心設計的策略，而非亂槍打鳥。

　　這些政策會造成什麼實質影響呢？假設中國及一些國家能

---

[*]　中國的黃金儲備官方數據是2,113噸，但無參考價值，美國地緣經濟學
　　家詹姆斯・瑞卡茲（Jim Rickards）推測中國實際儲備應該遠超過美國。
　　Rickards, J. (2015, November 30). *Can the US dollar face down the Chinese
　　Yuan?*. Mises Institute. https://mises.org/library/can-us-dollar-face-down-
　　chinese-yuan

[†]　「即日起中國將發佈黃金每日（人民幣）定價，力圖打造一個區域性的基
　　準指標，並提升國際市場影響力……中國是全球最大的黃金生產國和消費
　　國，上海黃金交易所已連續九年位居全球第一大黃金現貨場內交易所……
　　將上海建設成為繼倫敦、紐約之後的全球黃金市場『第三極』。」鉅亨網
　　新聞中心（2016/04/20）。人民幣計價「上海金」啟動 中國黃金定價權大躍
　　進。*鉅亨網*。https://news.cnyes.com/news/id/868509

[‡]　「中國是全球最大的原油进口国，在国际原油贸易中却需要用美元交易，
　　原油期货的推出将帮助中国在国际原油市场赢得更大影响力，同时，推
　　出以人民币计价的原油期货也是人民币国际化迈出的重大一步。」上海国
　　际能源交易中心（2018/02/11）。注意！"中国版原油期货"来了意义远超
　　想象。*證券時報*。https://www.ine.cn/news/area/206.html

以人民幣購買石油，能源輸出國就可以拿收到的人民幣跟「世界工廠」中國進口貨品，或發包給中國廠商，打造如沙烏地阿拉伯願景 2030 國家級基礎建設§。若收到的人民幣花不完，可以存在中國與其他國家發行的人民幣債券（俗稱熊貓債）收取孳息¶，或轉成央行數位貨幣（CBDC），盟友間的貿易就能透過 m-Bridge 來結清，不僅提升效率，還沒有被西方監控的風險。最後，如果用不到上述的加值服務，或者還是沒辦法信任人民幣，也沒關係，那就兌換成人類自古以來的貨幣首選：黃金。

如此一來，包含「原物料」、「製造」與「資本」三大傳統地緣政治力量，一個獨立於美元系統之外的經濟體系就呼之欲出。

---

§ 「这里约7成的施工设备由中国自主生产……除大型基建项目外，数字能源和通信领域也不乏中国企业的身影。华为公司助力新未来城构建5G网络、骨干传输网络、数据中心、云和AI平台。」段敏夫（2023/04/27）。沙特新未来城："全球追梦者之地"。新華網。https://english.news.cn/20221206/538

¶ 「埃及熊貓債的票面利率3.51%，低於發行美元債券的成本。」中國銀行（2023/10/16）。中國銀行協助埃及成功發行非洲首單熊貓債。https://www.boc.cn/big5/aboutboc/bi1/202310/t20231016_23891633.html

烏俄戰爭的另一面：貨幣戰

千萬不要白白浪費掉一個好的危機。

── 英國首相邱吉爾

2021 年底發生 40 年來罕見的全球性通膨，為貨幣戰進程按下了快轉鍵。無論是有心操作或者無心插柳，在萬物飆漲背景下啟動的烏俄戰爭，搭配西方反射式的經濟制裁，意外變成了成功的貨幣戰廣告。2022 年普丁在聖彼得堡經濟論壇的演說，可以看到俄羅斯、中國與盟友們從中獲得兩個強而有力的立論：

A. 凸顯美元系統的信用問題

美元身為國際儲備貨幣，必須做一個具有信用且客觀中立的莊家，一旦莊家任意沒收客戶的資金，就沒有人會再相信這個莊家。實際上，讓中俄等戰略對手長期依賴美元才是對美國最有利的情境，但美國聯合其他 G7 國家反射式地凍結俄羅斯三千億美元外匯，不只是中俄，更讓其他國家驚覺依賴美元的危險性。

B. 展示原物料經濟體的韌性

世界不能沒有美元，但通膨的世界更不能沒有能源原物料。人民要吃飯，汽車要加油，為了維持社會正常運作，許多公開立場與俄國針鋒相對的國家，選擇低調地進口俄國能源。因此就算在西方的抵制下，俄羅斯還是持續地賺取鉅額貿易順差，俄國貨幣盧布也沒有如許多智庫預測的馬上崩解。這是一

場「虛擬國際儲備貨幣」與「實體原物料資產」的對決。

　　烏俄戰爭對貨幣戰的影響持續發酵至今，於 2023 年出現「去美元化」潮流。例如巴西總統魯拉 2023 年 4 月訪中國時，呼籲發展中國家改使用自己的貨幣進行國際貿易結算，並對北京努力平衡美元在全球商業中的主導地位表示支持。2023 年 5 月的「東協國家峰會」中鼓勵使用當地貨幣來進行地區內的跨境交易，減少對主要國際貨幣的依賴，而主要國際貨幣所指為何，不言而喻。這些都是美元武器化、沒收俄羅斯資產的後續效應，對美國而言是短多長空。

普丁演說重點節錄
｜聖彼得堡國際經濟論壇｜ 2022 年 6 月 17 號 ⑩

「近年來證明經濟制裁是一把雙刃劍，它造成的傷害對於策動者可能一樣大，甚至更多⋯⋯令人擔憂的是，制裁不僅能針對俄羅斯，也可以瞄準任何「不受歡迎」的國家，未來甚至連歐盟和歐洲企業也不能幸免，這都是有可能發生的事⋯⋯在通膨的環境下，許多開發中國家開始質疑，為什麼要拿實質的商品原物料去換取一直流失購買力的美元和歐元？最終回歸一個結論，就是**建立在虛擬概念上的經濟體系，正逐步被擁有真實資產的經濟體系所取代**⋯⋯根據國際貨幣基金計算，全球外匯存底達 7.1 兆美元和 2.5 兆歐元，每年流失大約 8% 的購買力，更糟糕的是，如果美國對某些國家不滿，這些外匯儲備隨時還可能被沒收或憑空消失。我認為對於許多國家來說，把外匯儲備放在這些貨幣是非常真實的風險，他們也必定會將這些日益貶值的貨幣轉換成如食物、能源和原物料的實體資源⋯⋯事實上，一些國際儲備貨幣近期似乎在自毀長城，至少他們尋短的意圖是非常清楚的。」

廉價能源的大供應商

好眼力的 CEO 應該有注意到，中國低調的著手準備多年，俄國則公開點出美元系統的缺點，但他們提出的替代方案並沒有特別的優勢，「支付電子化、抗西方制裁」是小眾市場，其他功能充其量只是模仿美元。一個產品若沒有獨到之處，很難成為世界級品牌。

但若我們鳥瞰戰局放大視野，就看得到中國與盟友「替代方案」的獨特價值主張（value proposition）：能源。

一手催生「石油美元」的美國前國務卿季辛吉曾說：「如果你控制了能源，你就控制了所有國家；如果你控制了糧食，你就控制了人類；如果你控制了貨幣，你就控制了世界。」能源是現代文明的基礎，能源用量愈高，通常人民生活水準就愈高，國家愈強盛，而中國與盟友已經控制了世界的廉價能源。

A. 碳能：石油與天然氣市場在制裁下「大分化」，同樣一桶油卻出現兩個截然不同的價格。美國擁有充足的石油天然氣，但對於許多其他進口能源的國家而言，無論是以物易物，或者用人民幣、盧布等非美元貨幣支付，就能取得便宜的燃料與石化產品，這在俄烏戰爭後活生生上演。OPEC 預測全球石油的需求量會持續成長到 2045 年 ⓮，未來十幾二十年仍然不能忽視它的重要性。

B. 核能：中國 MG 汽車的價格讓台灣人驚艷，但那也不過是同級車價錢的七折，中國模組化的最先進核電建廠成

本,是國際競爭者的兩折 *。別人蓋一座的價錢,中國能蓋五座,這種價格的吸引力可想而知。而且核電建廠後五十年的保養都要靠中國,有哪個客戶敢在國際場合上與之作對?

C. 綠能:在傳統能源上,OPEC 提供全世界 40% 的石油;在綠能,世界對中國太陽能的依存度是 90%[110],電動車鋰電池是 63%[111],風電是 60%[112],中國廠商幾乎包辦了全球的新能源供應鏈產能。就如《金融時報》報導:「中國利用綠能供應鏈的戰略地位。」[113] **世界愈推動 ESG,很可能對中國的依賴就愈深。**

在 AI 章節有特別強調,AI 的影響力超越核子彈,而驅動 AI 的算力一半靠半導體、一半靠能源,缺一不可。控制能源的人不僅像季辛吉說的能控制所有國家,更能掌握各國進入 AI 時代的門票。**能源只是一個例子,就像世界依賴美元一樣,中國希望世界在關鍵產業對它產生依賴 —— 這就是中國在三體世界建立韌性的方法,而這個戰略也反應在匯率、產業與貿易政策上。**

---

* 2021年彭博NEF與世界核能協會估計,中國核能電廠每GW的建造成本是美國與法國廠的三分之一;2023年7月26號的美國國會聽證會,業界人士估計中國建廠成本是美國的五分之一以下。

各國國民所得 vs 人均用電量

愈進步的國家，愈仰賴能源。圖右下角是空的，代表高收入而低用電的國家並不存在。

從世界的工廠，到世界唯一的工廠

〈大分化〉一章有解釋，西方對中的貿易政策是「去風險」，而不是「脫鉤」，因為要完全脫離中國供應鏈太困難了。但去風險的內涵是什麼？就是關鍵產業不可依賴中國，更不可被中國打倒。

當台灣不遺餘力地協助各國建立韌性供應鏈，中國則是培養各式龍頭企業，用傾銷將各國的重要產業逐一取代，讓中國在這些重要領域成為全球唯一的工廠。十年前的綠能與電競產業，到這兩年的電動車、醫藥原料與抖音接棒，接著下來可能

中國放貸至房地產 vs 工業歷年趨勢 ⑮

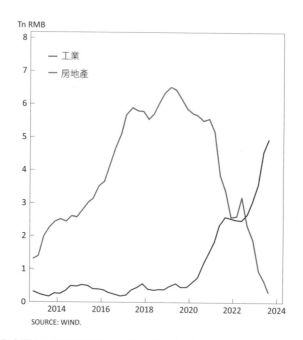

一圖道盡中國的新經濟策略：**房退工進**。在這天文數字的資金支持下，製造業得以擴充產能與提升研發，預期許多物美價廉的中國產品將橫掃全球，對各國的製造業造成衝擊。

石化原料與產品 *、核能與 CBDC 都會是 Made in China。任何

---

* 2014年以來中國的化工產能過剩的趨勢加劇，2015年後部分石化業國企的私有化改革被叫停，為的就是要遵循國家政策，不顧經濟利益地衝高全球市佔率。目前中國佔全球化工產能的45%，業界專家估計到2035年中國將擁有高達62%的市場份額。石化業是重要的工業命脈，創造許多工作機會，面對中國龐大的產能襲捲而來，許多國家的產業及就業正面臨前所未有的挑戰。

領域都可能在中國擴張的版圖內，各行各業的 CEO 都需要注意。中國廣泛的攻城掠地，**目的是建立「原物料」、「製造」與「資本」都要依賴中國與其盟友的新經濟秩序**，這與中國古代的「羈縻」[†]政策很像，以經濟牽制外交，不費一兵一卒地向世界投射影響力。

　　面對「去全球化」的潮流，中國在特定戰略產業成為「世界唯一工廠」的計畫卻才剛啟動。失衡的貿易往往會造成國際衝突，例如清朝一度是世界工廠，絲、茶、瓷器橫掃歐洲，歐洲的白銀源源不斷的流向中國[‡]，促使英國決心用優勢武力與鴉片硬性解決貿易逆差的問題。當中國電動車在慕尼黑車展獨領風騷，所到之處所向披靡，就算各國啟動保護政策，中國也可能已經將下一步棋準備好了：超貶人民幣。

超貶人民幣的悲慘世界

　　2023 年人民幣貶值引起國際社會的重視[§]，一般人除了看

---

† 羈，套馬口之嘴套，縻，繫牛的繩索，羈縻，籠絡控制的意思，是古代中國常用的對外維護地緣政治地位手法。

‡ 「1700 至 1830 年，中國因為出超而進口銀共達九千萬英鎊至一萬萬英鎊左右⋯⋯中國透過茶之交易與菲律賓貿易（轉運港），有大量銀子長期輸入中國。」全漢昇（1986/10/16）。*明清經濟史研究*。聯經出版

§ 截至 2023 年 11 月出書前夕，人民幣跌到 7.3 兌 1 美元，創下十六年來新低，每隔幾年就會出現的中國衰敗論又登上新聞，半年前「金磚國去美元化、美元來日無多」的頭條早就被拋在腦後。才過幾個月，原本被報章形容雄才大略、力抗美元霸權的中國就變成一副虛弱不堪的樣子，怎麼可能？哪個敘述才正確？或許因為這些觀點都是從太平穩角度出發，所以都不正確。

到中國經濟疲軟之外，似乎沒有考慮到北京怎麼看待此事。北京為何會容許、甚至「策略上選擇」貶值＊？從總經層面看，這似乎是北京順水推舟，有意為之。

北京在匯率上除了貶值之外還有更好的策略嗎？

北京有三個選項：一、反向操作讓人民幣升值，和美元拚寶座，但事實上中國沒這本錢，更不符合中國的戰略利益。**美元走強符合中國推動「全球化傾銷」與「一帶一路」的戰略利益**，也對中國的出口有利，何不多享受個幾年？二、什麼都不做，順從國際市場機制，但代價就是繼續被美元霸權牽制，違反 2013 年起建立經濟韌性的初衷。三、用經濟衰退當作掩護，名正言順地進行「匯率改革」，將人民幣順勢超貶，就能讓超限戰再下一城。貶值對中國經濟的負面影響是可控的，因為中國的美元外債減掉資產淨額不多†，除了房地產等部分產業之外，總體違約風險可控；如果部分國際貿易能開始用人民幣交易，維持經濟運作的原物料進口不會因為美元上漲而付不起，就可管控這兩個典型的貶值風險。雖然超貶人民幣與學界建議的改革方向（如降低產能、刺激消費等）相反，但西方經濟學理論可能也不在中國的超限戰考量內吧。

為什麼超貶人民幣有戰略意義呢？以汽車工業為例，中國

＊ 「人民幣並沒有龐大的貶值壓力……近期的貶值是策略上的選擇。」Setser, B. (2023, June 3). Brad Setser@Brad_Setser. https://x.com/Brad_Setser/status/1665020596651008004?s=20

† 中國有45%的儲蓄率與巨額貿易順差，國庫中更有高達三兆美元的外匯存底，持有的美元資產應該超過美元負債。

這幾年打造了最完備的汽車供應鏈，與最佳的生產效率與規模優勢。中國製汽車兵分兩路，用燃油車打入新興市場，用電動車搭上先進國家的政策順風車，出口在短短的兩三年內從兩百億美元翻了四倍到一千億，一舉超越原本出口前兩名的日本與德國。未來若讓匯率大貶，售價比對手再降個三成，美日歐的傳統車廠如何抵擋？現在各國都強調製造業對國安的重要性，汽車產業就是最重要的製造業之一，更何況電動車就如有四顆輪子的電腦，裝滿了感測器，更是重要的國安防線。

〈美元的多重宇宙〉中有談到，超貶人民幣不僅能協助中國收割一帶一路的戰略資產，還可能會引爆「亞洲金融風暴 2.0」——稱之為 2.0，不僅因為是第二次，也是比 1997 年第一次嚴重的意思。1994 年，中國在前副總理朱鎔基主導下進行了匯率改革，5.7 人民幣對 1 美元的匯率一夜之間貶至 8.7 對 1 美元。此舉引發了鄰國的競爭性貶值，惡性循環延續至 1997 年，在香港回歸後的次日，泰銖與美元的固定匯率終告脫鉤，信心危機擴散到了整個資本市場，引發的股匯雙殺讓亞洲經濟大衰退，韓國更是不得不向 IMF 申請緊急資金支援。人民幣貶值導致的亞洲金融風暴重創了亞太地區經濟，但也為中國未來 30 年的經濟繁榮奠定了基石。

與 1997 年的亞洲金融風暴相比，「亞洲金融風暴 2.0」的影響可能不僅限於亞洲，更有潛力波及全球。在量化寬鬆政策後，全球金融市場的估值以及先進國家的負債槓桿都已瀕臨近百年來高峰，遠超過 1997 年。它就如堆疊至天花板的積木，一旦稍微受外力撞擊就可能垮下來，因此人民幣大貶不僅會

像 1997 年一樣造成亞洲的金融風暴，還可能引發先進國家的財務危機，進一步削弱西方國家在亞太地區的影響力。透過人民幣急貶，北京猶如掌握了帶有嚇阻力量的「亞洲金融風暴2.0」引爆按鈕。

　　但如果直接把人民幣貶值到歷史低點，意圖又太過明顯，必定會引起各國強烈反彈，為了要合理化此舉，先決條件是中國經濟必須看來很孱弱，才有啟動人民幣急貶的好理由。更正確地說應該是中國面臨的經濟困難，創造了人民幣急貶的歷史**機會。中國所面臨的經濟挑戰很嚴峻，因為人口與債務結構的關係甚至難解，但北京在研擬對策時，除了救經濟的考量之外，可能還包括超限戰的戰略思維，每一個動作都要確保中國在新冷戰的終點勝出。**

　　對於一個經歷過慘烈的文革鬥爭，也享受過大平穩時代的繁榮盛世，具有獨特世界觀的政權，基於大國博弈的戰略考量，必要時將人民幣武器化，在經濟遇上瓶頸時順勢大貶人民幣，並非不可能，符合毛澤東所說的：「**天下大亂，形勢大好。**」

　　〈升息與降息的兩難〉章討論到，**強美元與弱人民幣分別是美中可能使用的貨幣戰武器，但兩者幾乎是一體兩面，都是金融上強大的土石流。若兩強面對霸權爭奪戰都不約而同啟動貨幣戰略，CEO 們就要特別小心別夾在中間了。**

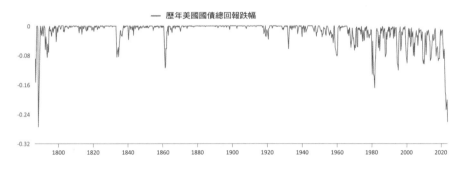

歷年美國國債總回報最大跌幅（drawdown）

愈極端的經濟結構，隨之而來的震盪也會愈嚴重，例如零利率政策（NIRP）的結束在 2022 至 2023 年造成了 1788 年以來最大的美債跌幅。⑯

世界經濟的核子彈：金本位

　　大國博弈的本質不外乎就是建立韌性與嚇阻能力。中國除了建構完備的「原物料、製造與資本」經濟圈，也計畫成為「世界唯一的工廠」來為自己打造韌性，而「人民幣超貶」則讓中國擁有左右國際政經局勢的能力。更重要的是當這一切準備妥當，就有可能讓中國湊齊所有「金本位」的發動條件，使中國擁有對現代經濟秩序最具破壞力，猶如核彈一般的嚇阻力。

　　馬克思（Karl Marx）曾說：「雖然金銀天生不是貨幣，但貨幣天生就是金銀。」

　　上千年來，貨幣都是建立在黃金、白銀之類的硬資產上，「金本位」並不稀奇，這套舊標準怎麼會有破壞力呢？因為

1971 年後的石油美元系統是建立在虛擬的「信賴」上，唯有人們相信它是唯一的選擇才能運作無礙。但是這幾年來因為美元的武器化、捉摸不定的貨幣政策與美國政府嚴重的赤字，各國對美元的信心已經走下坡，開始懷疑這種模式還能持續多久。時間一久，這個下降的信任曲線與中國聯盟上升的實質資產曲線形成「黃金交叉」，建立在美元上的經貿模式就不會是各國唯一的選擇，金本位則可以大大加速這個過程。

啟動金本位的方式就是訂定黃金的公定價，但中國大可將它跟人民幣貶值一起執行，讓戰略的衝擊力放到最大。事實上**黃金上漲就等同貨幣貶值***，**所以人民幣金本位化的第一槍，可能是訂定超高的黃金公定價**：例如「一萬四人民幣兌每盎司黃金的市價，即日起改為每盎司三萬元的國家公定價」。

各位 CEO 們未來如果看到人民幣計價黃金將大漲的頭條，會嗅到什麼商機？應該是想盡辦法從西方及各地買實體黃金，再運到中國兌換成人民幣來「套利」（arbitrage）。除非禁運，黃金的「西往東流」會持續到價差消失，或者沒黃金可運了才會停止。但在高度金融化、以期貨等「紙上黃金」為主的國際黃金市場，實體黃金存量很少，光是新冠疫情期間，紐約等大交易所就發生交不出黃金的窘況†。這「搬有運無」的

---

* 此概念最早應該是由美國地緣經濟分析師 Luke Gromen 提出。

† 「在倫敦，銀行家們正包下私人飛機甚至想方設法去搞軍用貨機，好把他們的金條運往紐約的交易所。短缺變得極為嚴重。」Hoffman, L. (2020, March 30). 新冠疫情在全球引發追逐黃金的浪潮. *The Wall Street Journal*. https://tinyurl.com/45b7ncwn

機制就像銀行擠兌一樣，足以讓西方金庫告罄，當有再多的美元也買不到黃金時，美元系統就會面臨信心崩潰的危機。而中國與盟友所建立的經濟圈，則因為持有世界上最多的黃金，有原物料、能源與工廠這些「真實」的資產，可能成為三體世界的經貿避風港。

2022 年 6 月 17 號普丁演講說到：「建立在虛擬概念上的經濟體系，正逐步被擁有真實資產的經濟體系所取代。」2023 年 3 月 21 日習近平向普丁說：「這是百年變局之一部分，我們共同來推動。」金本位有沒有可能就是百年變局中的一部分呢？

1971 年美國帶領全球拋棄金本位，是貨幣史上第一次脫離硬資產的束縛。上述戰略推論如果真的發生，則會是人類史上第一次「回歸」金本位。因為前所未有，所以充滿不確定性，受到波及的不僅是美元，還包括所有沒有真實資產支撐的貨幣‡。中國受惠頗多的全球化貿易與海外美元會崩壞，美國也必定有反制的行動，所以對中國而言並不是個無後顧之憂的武器。但重點在於足**以摧毀貨幣系統的金本位，就是貨幣戰的核子彈**。一個國家「可能有核彈」就足以改變地緣政治平衡，若中國湊齊「啟動金本位」的條件，在貨幣戰中，就如同核爆測試成功，而有了嚇阻力一般。至於會不會用、何時用、怎麼用，是另一個戰略層次的問題。

---

‡　在這種狀況下，世界貨幣數量應該會大幅減少，多數國家必須改用或者是把本國貨幣錨定在屈指可數的幾個強勢貨幣上。

　　《孫子兵法》有言：「多算勝，少算不勝，而況於無算乎？」戰略博弈本應假設對方是「多算」的狀態以做萬全的準備，若對方是少算或無算，我也可立於不敗之地。2023 年 10 月哈馬斯對以色列的突襲，就可能是以色列不曾算過的情況。上述推論或許各位 CEO 認為難以置信，但兩位 James 不認為這超越現實，在大國全面博弈的時代，推想各種可能性正是政府、企業到個人應做的準備。

　　本書開頭的序引用狄更斯在《雙城記》中的名句：「那是最好的時代，那是最壞的時代……我們都會走向天堂，我們都會走向另一端。」中國為了逐鹿天下，已經為最好與最壞的時代準備多年，是大家必須面對的現實。

　　從大平穩時代快速地進入變動劇烈的三體時代，對於國家與 CEO，是嚴苛的挑戰，我們盡力呈現這場世紀變局的種種面向，來幫助您做出艱難但正確的抉擇。

重點回顧

- 中國有計畫地整合超限戰工具多年，如產業、能源、貨幣與金本位。
- 產業：在一些關鍵的產業，中國試著成為世界唯一的工廠，讓世界對中國產生高度依賴性。
- 能源：中國與盟友控制了傳統能源與新能源的供應。
- 貨幣：「強美元」與「弱人民幣」都是大國博弈的工具，都是威力十足的土石流。讓人民幣超貶則可能引爆新的金融危

機，改變地緣政治版圖。

- 金本位：能破壞當代世界金融體系的終極武器，中國未來可能將有此能力。
- 中國準備多年，已經具備大國博弈、逐鹿天下的條件，是世界必須面對的現實。

參考資源

1. Wigglesworth, R. (2019, June 4). Why Taiwan poses a threat to the US bond market. *Financial Times*. https://www.ft.com/content/967d7d96-8567-11e9-a028-86cea8523dc2
2. Weissmann, J. (2013, May 11). How Wall Street Devoured Corporate America. *The Atlantic*. https://www.theatlantic.com/business/archive/2013/03/how-wall-street-devoured-corporateamerica/273732/
3. "The economic cost of war was so great that no one could possibly hope to gain by starting a war the consequences of which would be so disastrous." James Joll. (1992) . *The Origins of the First World War*(2nd ed.). Longman
4. Buttonwood (2016, Jul 23). Vanishing workers: Can the debt-fuelled model of growth cope with ageing populations? *The Economist*. https://www.economist.com/finance-and-economics/2016/07/23/vanishing-workers
5. Irwin, N. (2014, December 19). Of kiwis and currencies: How a 2% inflation target became Global Economic Gospel. *The New York Times*. https://www.nytimes.com/2014/12/21/upshot/of-kiwis-and-currencies-how-a-2-inflation-target-became-global-economic-gospel.html
6. He, H.(2021, August 7). Could China's rising household debt threaten Beijing's consumer-led growth vision?. *South China Morning Post*. https://www.scmp.com/economy/china-economy/article/3144125/could-chinas-rising-household-debt-threaten-beijings-consumer
7. "We now understand better how little we understand about inflation." Baschuk, B. (2022, June 29). New inflation era leaves central bank chiefs Powell and Lagarde seeking answers. *Bloomberg. com*. https://www.bloomberg.com/news/articles/2022-06-29/new-inflation-era-leaves-powell-and-lagarde-seeking-answers?embedded-checkout=true
8. Hussman, J. P. (2023, May 22). *Money, banking, and markets -connecting the dots*. Hussman Funds. https://www.hussmanfunds.com/comment/mc230519/
9. Flood, C. (2021, September 27). In charts: bonds with negative yields around the world. *Financial Times*. https://www.ft.com/content/1bcfde6e-753d-4096-addce8545c89c7a9
10. Alden, L. (2023, February 15). Newsletter: Fixing Inflation. *Lyn Alden Investment Strategy*. https://www.lynalden.com/february-2023-newsletter/
11. Steinberger, M. (2023, January 10). The Fed may finally be winning the war on inflation. but at what cost?. *The New York Times*. https://www.nytimes.com/2023/01/10/magazine/inflation-federal-reserve.html
12. Prince, B. (2022, August 3). *An update from our cios: Transitioning to stagflation*. Bridgewater. https://www.bridgewater.com/research-and-insights/an-update-from-our-cios-transitioning-to-stagflation
13. "Give me a one-handed economist!'" Button, K. (2020, December 4). Letter: Why Truman requested a one-handed economist. *Financial Times*. https://www.ft.com/content/a284fbc9-2677-4917-865d-ade86065aa27
14. 林蕙禎（2022/08/06）。桑默斯：若Fed自認情況獲得控制 恐重演70年代停滯性通膨。*鉅亨網*。https://news.cnyes.com/news/id/4927835
15. 湯淑君（2023/08/12）。美債信遭調降 凸顯忽略灰犀牛問題的應得下場。*經濟日報*。https://money.udn.com/money/story/122381/7365483
16. 「債券價格的起伏，必然與殖利率水準的移動方向相反。」投資學堂（訪問日期：2024/01/04）。*你必須了解的所有債券知識*。品浩（PIMCO，Pacific Investment Management Company LLC.）。https://www.pimco.com.tw/zh-tw/resources/education/everything-you-need-to-know-about-bonds
17. 「Convexity 債券的凸性，當債券殖利率小幅波動時，利用存續期間即可估算出債券價格上漲或下跌的幅度。」中華民國票券金融商業同業公會（2004/12/30）。*金融小百科—債券凸性*。金融監督管理委員會全球資訊網。https://tinyurl.com/2vftzbnx
18. Tamplin, T. (2023, March 29). *Risk-free rate of return: Definition, Importance, Tips*. Finance Strategist.. https://www.financestrategists.com/wealth-management/risk-profile/risk-free-rate-of-return/
19. Harrell, P. (2023, March 27). The Limits of Economic Warfare. *Foreign Affairs*. https://www.foreignaffairs.com/united-states/limits-economic-warfare
20. Rodriguez, F. R. (2023, May 4). *The human consequences of economic sanctions*. Center for Economic and Policy Research. https://cepr.net/report/the-human-consequences-of-economic-sanctions/
21. U.S. Department of the Treasury. (2023, April 20). *Remarks by secretary of the Treasury Janet L. Yellen on the U.S. -China economic relationship at Johns Hopkins School of Advanced International Studies*. https://home.treasury.gov/news/press-releases/jy1425
22. Board of Governors of the Federal Reserve System (2022, March 24). *Foreign and International Monetary*

Authorities (FIMA) Repo Facility. https://www.federalreserve.gov/monetarypolicy/fima-repo-facility.htm

23. Nalapat, M., & Lee, J. (2022, March 20). Sino-Russian currency war on Atlantic powers gets a Ukrainian stimulus. *The Sunday Guardian Live.* https://sundayguardianlive.com/news/sino-russian-currency-war-atlantic-powers-gets-ukrainian-stimulus

24. "Eurodollars are the latest example of the mystifying quality of money creation to even the most sophisticated bankers, let alone other businessmen." as cited in Friedman, M.(1971, July). *The Euro-Dollar Market: Some First Principles.* Federal Reserve Bank of St. Louis. https://files.stlouisfed.org/files/htdocs/publications/review/71/07/Principles_Jul1971.pdf

25. Borio, C., McCauley, R. N., McGuire, P. (2022, December 5). *Dollar debt in FX Swaps and forwards: Huge, missing and growing.* The Bank for International Settlements. https://www.bis.org/publ/qtrpdf/r_qt2212h.htm

26. 六零年代極權國家人口占全球65%，占大多數。Our World in Data. (2022, April 11). How many people live in a political democracy today?. *Visual Capitalist.* https://www.visualcapitalist.com/cp/how-many-people-live-in-a-political-democracy-today/

27. Liang, Y.(2020). RMB Internationalization and Financing Belt-Road Initiative: An MMT Perspective. *The Chinese Economy,* 53:4, 317-328.

28. Wright, L. & Feng, A. (2020, May 11). *Covid-19 and China's household debt dilemma.* Rhodium Group. https://rhg.com/research/china-household-debt/

29. "How the Great Kaan Causeth the Bark of Trees, Made into Something Like Paper, to Pass for Money Over All His Country." Polo, M. (1993, May7). *The Travels of Marco Polo.* Dover Publications

30. Staff (2023, March 20). Governor Ron DeSantis announces legislation to protect Floridians from a federally controlled central bank digital currency and Surveillance State. *Florida Governor Ron DeSantis.* https://www.flgov.com/2023/03/20/governor-ron-desantis-announces-legislation-to-protect-floridians-from-a-federally-controlled-central-bank-digital-currency-and-surveillance-state/

31. 中國人民銀行數字人民幣研發工作組（2021/07）。中國數字人民幣的研發進展白皮書。http://www.pbc.gov.cn/goutongjiaoliu/113456/113469/4293590/20210716142000220055.pdf

32. Heijmans, P. (2023, May 25). Singapore says aspects of US-china rift "appear insurmountable." *Bloomberg. com.* https://www.bloomberg.com/news/articles/2023-05-25/singapore-says-aspects-of-us-china-rift-appear-insurmountable?embedded-checkout=true

33. The United States Government (2022, October 13). Remarks by national security advisor Jake Sullivan on the Biden-Harris Administration's national security strategy. The White House. https://www.whitehouse.gov/briefing-room/speeches-remarks/2022/10/13/remarks-by-national-security-advisor-jake-sullivan-on-the-biden-harris-administrations-national-security-strategy/

34. Wong, C. H. (2022, May 19). China insists party elites shed overseas assets, eyeing western sanctions on Russia. *The Wall Street Journal.* https://www.wsj.com/articles/china-insists-party-elites-shed-overseas-assets-eyeing-western-sanctions-on-russia-11652956787

35. Writer, S. (2023, March 22). U.S. readies targeted screening for investment in chinese tech. *Nikkei Asia.* https://asia.nikkei.com/Politics/International-relations/U.S.-readies-targeted-screening-for-investment-in-Chinese-tech

36. Ziady, H. (2023, April 19). HSBC's top shareholder calls for breakup, expressing "deep concern." *CNN business.* https://edition.cnn.com/2023/04/18/investing/hsbc-ping-an-breakup-statement/index.html

37. 王孟倫（2023/05/17）。中國新規鴨霸納管 台股130家受衝擊。*自由電子報。* https://today.line.me/tw/v2/article/KwyWogn

38. The SCSP Board(2022, September). *Mid Decade Challenges to National Competitiveness.* https://www.scsp.ai/wp-content/uploads/2022/09/SCSP-Mid-Decade-Challenges-to-National-Competitiveness.pdf

39. 「年輕棋手相較於年長棋手更受益（於AI），代表AI教學會造成年齡不平等。」Choi, S., Kim, N., Kim, J., & Kang, H. (2021, July 28). *How does AI improve human decision-making? Evidence from the AI-powered go program.* SSRN. https://papers.ssrn.com/sol3/papers.cfm?abstract_id=3893835

40. "The imagination kind of goes wild. And so, you know, the --whether it's in imaging or movies or film or whether it is for doctors or scientists, all of a sudden the computer looks very different to you, because we have effectively shortened or gave them a time machine, if you will." Huang, J. (2009, February). Co-founder and C.E.O. of the graphics-processor company Nvidia Jen-Hsun Huang explains what graphics processing is and the potential it has. *Charlie Rose Interview.* https://charlierose.com/videos/12457

41. PokerListings Team (2021, September 6). 5 ways to play poker more like a Super Computer. *Poker Listings.* https://www.pokerlistings.com/o-being-one

42. 盧伯華（2023/03/19）。軍事競爭白熱化：美AI試飛F16戰機 陸人工智慧設計戰艦。*中時新聞網*。https://www.chinatimes.com/realtimenews/20230319002831-260409?chdtv

43. Davis, P. K. & Bracken, P. (2022, February 15). *Artificial Intelligence for wargaming and modeling*. RAND Corporation. https://www.rand.org/pubs/external_publications/EP68860.html

44. 樓菀玲（2023/05/29）。NVIDIA打造第一個遊戲 AI NPC 生成式AI讓虛擬角色更像人。*Ettoday遊戲雲*。game.ettoday.net/article/2508969.htm

45. Farrell, J. (2023, December 1). Meta shuts down thousands of fake China-based Facebook accounts aiming to polarize U.S. voters. *Forbes*. https://www.forbes.com/sites/jamesfarrell/2023/11/30/meta-shuts-down-thousands-of-fake-china-based-facebook-accounts-aiming-to-polarize-us-voters/?sh=548e7e1073f0

46. 玩車情報（2023/02/27）。每年棄電500億度！一邊限電一邊棄電，中國的電到底去哪了？。*騰訊網*。https://new.qq.com/rain/a/20230227A09DAW00

47. Fitch, A., Hayashi Y. & McKinnon J. D. (2023, June 28). U.S. considers new curbs on AI chip exports to China. *The Wall Street Journal*. https://www.wsj.com/articles/u-s-considers-new-curbs-on-ai-chip-exports-to-china-56b17feb

48. Tillett, A. (2023, April 5). China will win AI race if research paused: Ex-google chief. *Australian Financial Review*. https://www.afr.com/politics/federal/china-will-win-ai-race-if-research-paused-ex-googlechief-20230405-p5cy7v

49. 「藉由壓迫產業的關鍵瓶頸，拜登政權試著阻擋中國進入晶圓的未來。」Palmer, A. W. (2023, July 12). "An act of war": inside america's silicon blockade against china. *The New York Times*. https://www.nytimes.com/2023/07/12/magazine/semiconductor-chips-us-china.html

50. Noy, S. & Zhang, W. (2023, March 6). *Experimental evidence on the productivity effects of Generative Artificial Intelligence*. SSRN. https:// papers.ssrn.com/sol3/papers.cfm?abstract_id=4375283

51. 張詠晴（2023/03/15）。GPT-4來了 chatgpt律師考試贏9成考生 還有哪些地方變強了。*天下雜誌*。https://www.cw.com.tw/article/5125024

52. 「9.4%的人類比最先進的生成式AI GPT-4有創意。」Haase, J. & Hanel, P. H. P. (2023, March 21). *Artificial muses: Generative Artificial Intelligence Chatbots have risen to human-level creativity*. arXiv.org. https://arxiv.org/abs/2303.12003

53. Zinkula, J. & Mok J. (2023, July 4). A guy tried using CHATGPT to turn $100 into a business making "as much money as possible." here are the first 4 steps the AI chatbot gave him. *Business Insider*. https://www.businessinsider.com/how-to-use-chatgpt-to-start-business-make-money-quickly-2023-3

54. Ayers, J. W. PhD., Poliak, A. PhD; Dredze, M.PhD et al. (2023, June1) . *Comparing Physician and Chatbot Responses to Patient Questions*. JAMA Internal Medicine. https://jamanetwork.com/journals/jamainternalmedicine/articleabstract/2804309

55. "We can learn the language of the structure of many other things."黃仁勳（2023/05/29）。2023台北國際電腦展演講。*USTV非凡電視*。https://www.youtube.com/watch?v=e1ZdXx09LIs

56. "Imagine, not only whom you would like to talk to, but what you want to talk to, and what you can achieve with that!" 黃志芳（2023/05/29）。台北國際電腦展 2023開幕典禮。*台灣大紀元時報*。https://www.youtube.com/watch?v=5kGhJTji2sg&t=15s

57. Sun, D. (2023, March 2). 90% of drugs fail clinical trials –here's one way researchers can select better drug candidates. *The Conversation*. https://theconversation.com/90-of-drugs-fail-clinical-trials-heres-one-way-researchers-canselect-better-drug-candidates-174152

58. Moawad A. W. , Fuentes, D.T., ElBanan M.G., Shalaby A.S., Guccione J., Kamel S., Jensen C.T. & Elsayes K.M.(2022). *Artificial Intelligence in Diagnostic Radiology: Where Do We Stand, Challenges, and Opportunities*. J Comput Assist Tomogr. 2022 Jan-Feb 01;46(1):78-90. https://pubmed.ncbi.nlm.nih.gov/35027520/

59. Liu, G., Catacutan, D.B., Rathod, K. et al. (2023). *Deep learningguided discovery of an antibiotic targeting Acinetobacter baumannii*. Nat Chem Biol. https://doi.org/10.1038/s41589-023-01349-8

60. Kissinger, H. A., & Allison, G. (2023, December 5). The path to AI arms control. *Foreign Affairs*. https://www.foreignaffairs.com/united-states/henry-kissinger-path-artificial-intelligence-arms-control

61. Neo, "This isn't real..." Morpheus, "What is "real"? How do you define "real"? If you're talking about what you can feel, what you can smell, what you can taste and see, then "real" is simply electrical signals interpreted by your brain." The Matrix (1999)

62. Jake Sully (played by Sam Worthington), "Everything is backwards now, like out there is the true world, and in here is the dream." Avatar (2009)

63. Meyer, S., Shore, C. (2001). *Children's Understanding of Dreams as Mental States*. Dreaming 11(4), 179-194. https://doi.org/10.1023/A:1012288223591

64. 「電競遊戲有益身心。」Johannes N., Matti V, & Przybylski A. K. (2021, February 17). *Video game play is positively correlated with well-being*. R. Soc. open sci. https://royalsocietypublishing.org/doi/10.1098/

rsos.202049
「一同參與電競遊戲的家庭較和諧。」Wang, B., Taylor, L., & Sun, Q. (2018, April 11). *Families that play together stay together: Investigating family bonding through video games*. New Media & Society, 20(11), 4074-4094. https://doi.org/10.1177/1461444818767667

65. Neupert-Wentz, C. (2023, July 15). Sex-ratio imbalances have grim consequences for societies. Global: Sex-ratio imbalances have grim consequences for societies. *IPS Journal*. https://www.ips-journal.eu/regions/global/sex-ratio-imbalances-have-grim-consequences-for-societies-4829/

66. Chow, A. R. (2022, August 12). Unreal Engine 5 could change games, movies and the metaverse. *Time*. https://time.com/6164332/epicunreal-engine-5-launch/

67. "It's a place where the limits of reality are your own imagination." Ready Player One (2018)

68. The United States Government (2023, March 2). Fact sheet: Biden-Harris Administration Announces national cybersecurity strategy. The White House. https://t.co/dB706FU8rD

69. "We're already a cyborg. You have a digital version of yourself, a partial version of yourself online in the form of your emails, your social media, and all the things that you do." as cited in Ricker, T. (2016, June 2). Elon Musk: We're already cyborgs. *The Verge*. https://www.theverge.com/2016/6/2/11837854/neural-lace-cyborgs-elon-musk

70. 「法國支配著非洲的貨幣CFA……但比特幣是屬於所有人的貨幣。」Hall, J. (2022, March 16). "we don't like our money": The story of the CFA and Bitcoin in Africa. *Cointelegraph*. https://cointelegraph.com/news/we-don-t-like-our-money-the-story-of-the-cfa-and-bitcoin-in-africa

71. Beganski, A. (2023, June 21). Fed chair Powell says Bitcoin has" staying power" as an asset class. *Decrypt*. https://decrypt.co/145703/fed-chair-powell-saysbitcoin-has-staying-power-as-an-asset-class

72. Callahan, S. (2023, July 1). The institutions are coming. Sam Callahan@samcallan. https://twitter.com/samcallah/status/1674886598218125312

73. Noe-Bustamante, L. (2019, September 16). *Facts on hispanics of Salvadoran origin in the United States, 2021*. Pew Research Center's Hispanic Trends Project. https://www.pewresearch.org/hispanic/fact-sheet/u-s-hispanics-facts-on-salvadoran-origin-latinos/

74. CABEI(2021). *Remittances in Central America the role of Cabei*. bcie.org. https://www.bcie.org/fileadmin/user_upload/Remittances_in_Central_America_the_Role_of_CABEI.pdf

75. Cohen, R. (2013, November 28). Global bitcoin computing power now 256 times faster than top 500 supercomputers, combined!. *Forbes*. https://www.forbes.com/sites/reuvencohen/2013/11/28/global-bitcoin-computing-power-now-256-times-faster-than-top-500-supercomputers-combined/

76. "the services are decentralized in name only." Sharma, R. (2022, July 19). SEC chief reiterates call for cryptocurrency regulation. *Investopedia*. https://www.investopedia.com/sec-chief-reiterates-callfor-cryptocurrency-regulation-5201311#citation-2

77. Judy Lin, D. A. (2023, July 18). TechInsights: Samsung's 3nm GAA process identified in a crypto-mining ASIC designed by China startupmicrobt. *Digitimes*.

78. KPMG (2023). *Bitcoin's role in the ESG imperative*. https://advisory.kpmg.us/articles/2023/bitcoin-role-esg-imperative.html

79. DLA Piper (2023, February 21). *The role of bitcoin mining in renewables projects*. https://www.dlapiper.com/en/insights/publications/2023/02/the-role-of-bitcoin-mining-in-renewables-projects

80. Norwegianpetroleum (2023, March 29). *Exports of Norwegian oil and Gas*. https://www.norskpetroleum.no/en/production-and-exports/exports-of-oil-and-gas/

81. "ECB research finds that, in a scenario where world trade fragments along geopolitical lines, real imports could decline by up to 30% globally and could not be fully compensated by greater trade within blocs." European Central Bank. (2023, August 25). Policymaking in an age of shifts and breaks. https://www.ecb.europa.eu/press/key/date/2023/html/ecb.sp230825-77711105fe.en.html

82. "I skate to where the puck is going to be, not where it has been." Wayne Gretzky

83. Dallas Innovates, & Seeley, D. (2023, June 1). *Gen Z loves more than just Tiktok: They also Crave Gold and crypto, says Apex Report*. Dallas Innovates. https://dallasinnovates.com/gen-z-loves-more-than-just-tiktok-they-also-crave-gold-and-crypto-says-apex-report/

84. 大西洋理事會CBDC追蹤資料庫。https://www.atlanticcouncil.org/cbdctracker/

85. Dalio, R.(2020, July 16). *Chapter 5: The big cycles of the United States and the dollar, part 1*. LinkedIn. https://www.linkedin.com/pulse/chapter-4-big-cycle-united-states-dollar-part-1-ray-dalio/

86. "In other words, we may be entering an age of shifts in economicrelationships and breaks in established regularities." European Central Bank (2023, August 25). Policymaking in an age of shifts and breaks. https://www.ecb.europa.eu/press/key/date/2023/html/ecb.sp230825-77711105fe.en.html

87. Gandel, S. (2023, June 27). Former fed official teams up with ex-SVB risk officer to launch bank. *Financial Times*. https://www.ft.com/content/038c7899-0558-4262-b59e-3494f6cd4810

88.　R.H.（2022/04/26）。其實，台灣將近10億的「烏克蘭善款」，大部分都沒直接進入烏克蘭。*The News Lens 關鍵評論網*。https://www.thenewslens.com/article/165967

89.　World Economic Forum (2023, March 16). *Why the role of crypto is huge in the Ukraine War*. https://www.weforum.org/agenda/2023/03/the-role-cryptocurrency-crypto-huge-in-ukraine-war-russia/

90.　Wright, L. "Akiba." (2022, March 24). Ukrainian refugees escape with life savings in Bitcoin on Pen Drive. *CryptoSlate*. https://cryptoslate.com/ukrainian-refugees-escape-with-life-savings-in-bitcoin-on-pen-drive/

91.　Ro, C.(2022, April 22). Why Argentina is embracing cryptocurrency. *BBC News*. https://www.bbc.com/news/business-60912789.amp

92.　Bratcher, B.(2023, August 23). How machankura spread bitcoin through Africa's feature phones. *Bitcoin Magazine*. https://bitcoinmagazine.com/culture/how-machankura-spread-bitcoin-through-africa-feature-phones

93.　"S5.4t assets managed in Singapore as of 2021." Staff Reporter(2023a, May 11). Singapore's Aum grew by $470B mostly due to institutional investors: MAS. *Singapore Business Review*. https://sbr.com.sg/economy/news/singapores-aum-grew-470b-mostly-due-institutional-investors-mas

94.　游智文（2023/07/06）。南科營業額超車竹科 專家：台南房市將成領頭羊。*經濟日報*。https://money.udn.com/money/story/5621/7281589

95.　林宏文（2023/07/01）。晶片島上的光芒：台積電、半導體與晶片戰，我的30年採訪筆記。早安財經

96.　Setser, B. W.(2019, October 3). *Shadow FX intervention in Taiwan: Solving a 100+Billion Dollar Enigma (part 1)*. Council on Foreign Relations. https://www.cfr.org/blog/shadow-fx-intervention-taiwan-solving-100-billion-dollar-enigma-part-1

97.　「我們的美債一直都是比例最高的。」引自立法院財政委員會（2022/05/05）。*立法院公報*，111（56），頁444。https://ppg.ly.gov.tw/ppg/PublicationBulletinDetail/download/communique1/final/pdf/111/56/LCIDC01_1115601.pdf

98.　財經頻道（2023/03/06）。瑞士央行去年虧損4.35兆元115年最大損失。*自由時報*。https://ec.ltn.com.tw/article/breakingnews/4230861

99.　「史上第一次，聯準會虧損了。」Kupiec, P., & Pollock, A. (2023, March 26). For the first time, the Fed is losing money. *The Wall Street Journal*. https://www.wsj.com/articles/for-the-first-time-the-fed-is-losing-money-mortage-backed-securities-treasurys-interest-rate-risk-svb-ad92e96f

100.　The Goldman Sachs Group, Inc. (2022, April 28). *(De)Globalization Ahead?*. https://www.goldmansachs.com/intelligence/pages/top-of-mind/de-globalization-ahead/report.pdf

101.　Culpan, T. (2023, August 9). TSMC is becoming the global chipmaker it didn't want to be. *Bloomberg.com*. https://www.bloomberg.com/opinion/articles/2023-08-09/tsmc-is-becoming-the-global-chipmaker-it-didn-t-want-to-be

102.　Lynch, D. J. (2023, August 6). U.S. companies are buying less from China as relations remain tense. *The Washington Post*. https://www.washingtonpost.com/business/2023/08/06/us-china-economy-trade-mexico/

103.　American Immigration Council (2022, June 9). New American fortune 500 report reveals impact of immigrant entrepreneurship. https://www.americanimmigrationcouncil.org/news/new-american-fortune-500-report-reveals-impact-immigrant-entrepreneurship

104.　The Economist Newspaper (2006, June 17). When the chain breaks. *The Economist*. https://www.economist.com/special-report/2006/06/17/when-the-chain-breaks

105.　Foroohar, R.(2023, January 3). A new world energy order is taking shape. *Financial Times*. https://www.ft.com/content/d34dfd79-113c-4ac7-814b-a41086c922fa

106.　Setser, B.(2023, August 13). Brad Setser@brad_setser. https://twitter.com/Brad_Setser/status/1690448272022753280

107.　Geman, H., Miller, J., & Ma, Y. (2023, May 12). *Locational arbitrage strategies for Shanghai Crude Futures*. Journal of Energy Market,15(4). https://papers.ssrn.com/sol3/papers.cfm?abstract_id=4446274

108.　"Sanctions as a weapon have proved in recent years to be a double edged sword damaging their advocates and architects just as much, if not more... the very concerning possibility of sanctions being levied not at Russia, but at an undesirable nation, and ultimately anyone including the EU and European companies... Under the cloud of inflation, many developing nations are asking a good question: why exchange goods for dollars and euros that are losing value right before our eyes? The conclusion suggests itself: the economy of mythical entities is inevitably being replaced by the economy of real values and assets... According to the IMF, global currency reserves are at $7.1 trillion and 2.5 trillion euros now. These reserves are devalued at an annual rate of about 8 percent. Moreover, they can be confiscated or stolen any time if the United

States dislikes something in the policy of the states involved. I think this has become a very real threat for many countries that keep their gold and foreign exchange reserves in these currencies. They will be converted from weakening currencies into real resources like food, energy commodities and other raw materials... True, some international reserve currencies have set themselves on a suicidal path lately, which is an obvious fact. In any case, they clearly have suicidal intentions." St Petersburg International Economic Forum Plenary session. President of Russia (2022, June 17). http://en.kremlin.ru/events/president/news/68669

109. Ross, K. M. (2023, October 10). OPEC predicts world oil demand will rise until 2045. *Offshore Technology*. https://www.offshore-technology.com/newsletters/opec-predicts-world-oil-demand-will-rise-until-2045/?type=Spotlight&utm_source=media-website&utm_medium=Menu&utm_content=Spotlight_News_Article&utm_campaign=type3_oil-and-gas-market

110. EA (2022, August). Special Report on Solar PV Global Supply Chains. https://iea.blob.core.windows.net/assets/d2ee601d-6b1a-4cd2-a0e8-db02dc64332c/SpecialReportonSolarPVGlobalSupplyChains.pdf

111. Chow, A. (2023, June 7). *China commanded 63% of EV battery market with 6 companies*. Growth Dragons. https://growthdragons.substack.com/p/china-commanded-63-of-ev-battery

112. Okamoto, Y.(2023, August 18). Chinese manufacturers dominate wind power, taking 60% of global market. *Nikkei Asia*. https://asia.nikkei.com/Business/Energy/Chinese-manufacturers-dominate-wind-power-taking-60-of-global-market

113. "Reducing the risk that China will use its control over critical clean energy inputs for economic or national security goals will take at least a decade." Edward White, E.(2023, August 9). How China cornered the market for clean tech. *Financial Times*. https://www.ft.com/content/6d2ed4d3-c6d3-4dbd-8566-3b0df9e9c5c6

114. The Energy for Growth Hub (2020, September 30). *The Modern Energy Minimum*. https://www.rockefellerfoundation.org/wp-content/uploads/2020/12/Modern-Energy-Minimum-Sept30.pdf

115. Shanghai Macro Strategist(2023, October 9). Shanghai Marco Strategist@ShanghaiMacro. https://x.com/ShanghaiMacro/status/1711291278011638161?s=20

116. Campbell, A. (2023, October 19). Alexander Campbell@abcampbell. https://x.com/abcampbell/status/1714690724048810366?s=20

圖片來源

P37　CBPP calculations based on U.S. Census Bureau Data. https://www.cbpp.org/income-gains-widely-shared-in-early-postwar-decades-but-not-since-then-3

P38　（上）BEA, NIPA Table 6.16, Annual Data. 2012 is based on annualized Q3 data. "Finance" totals are based on "other financial," which excludes Federal Reserve banks.（下）BEA, NIPA Table 6.4, Annual Data. https://www.theatlantic.com/business/archive/2013/03/how-wall-street-devoured-corporate-america/273732/

P43　anilsaidso改編《變化中的世界秩序：橋水基金應對國家興衰的原則》圖表。https://twitter.com/anilsaidso/status/1250553680924831746?s=46&t=2afoQFCfzUJ1KvsYbWL5Gg

P45　Maddison Database, Deutsche Bank. https://twitter.com/zerohedge/status/1303748474970820608?s=20

P47　File:Destruction of Leviathan.png - Wikipedia

P57　@Brad_Setser on Twitter

P60　United Nations Population Division. https://www.economist.com/finance-and-economics/2016/07/23/vanishing-workers

P79　IMF, Taiwan's Ministry of Finance, Bloomberg Economics. Note: Hong Kong excluded as an outlier. https://x.com/gdp1985/status/1723338563096367224?s=20

P81　Centre for Strategic and International Studies; The Economist. https://www.economist.com/briefing/2022/10/27/joe-biden-attempts-the-biggest-overhaul-of-americas-economy-in-decades

P92　Federal Reserve Bank of Atlanta. https://fred.stlouisfed.org/graph/?g=1bY3S

P93　Bloomberg. © FT. https://www.ft.com/content/1bcfde6e-753d-4096-addc-e8545c89c7a9

P94　CPI Inflation Calculator. https://www.officialdata.org/uk/inflation/1800

P95　Chart Source: LynAlden.com. Data Sources: macrohistory.net, St. Louis Fed. February 2023 Newsletter: Fixing Inflation - Lyn Alden

P96　The Transcript. https://twitter.com/TheTranscript_/status/1632371173232091141?s=20

P102　The Budget and Economic Outlook: 2023 to 2033. https://www.cbo.gov/publication/58946#_idTextAnchor016

P104 Board of Governors; BEA. https://fred.stlouisfed.org/graph/?g=17FNZ
P106 https://www.multpl.com/shiller-pe
P108 Author's calculations based on World Bank Group and Felbermayr et al. (2020). https://cepr.net/report/the-human-consequences-of-economic-sanctions/
P114 https://commons.m.wikimedia.org/wiki/File:Pieter_Saenredam_-_Altes_Rathaus_von_Amsterdam_-_1657.jpeg
P117 U.S. Bureau of Economic Analysis. https://fred.stlouisfed.org/graph/?g=1bXZ4
P121 Brad Setser. https://www.cfr.org/blog/new-geopolitics-global-finance
P123 CEIC Data. International Monetary Fund, The Bank of Japan. The Central Bank of the Republic of China. International Monetary Fund, The Reserve Bank of India. International Monetary Fund, The Bank of Russia.
P126 https://fr.wikipedia.org/wiki/Evangelista_Torricelli#/media/Fichier:Torricelli.jpg
P132 Board of Governors of the Federal Reserve System (US). https://fred.stlouisfed.org/graph/fredgraph.png?g=17M7u
P133 Bank for International Settlements; Institute for Supply Management; CPB Netherlands Bureau for Economic Policy Analysis; Commodity Research Bureau Commodity Index. https://libertystreeteconomics.newyorkfed.org/2023/03/the-dollars-imperial-circle/
P134 US Federal Reserve, People's Bank of China, National Bureau of Statistics. https://rhg.com/research/china-household-debt/
P139 （上）https://commons.wikimedia.org/wiki/File:%E4%B8%AD%E7%B5%B1%E5%85%83%E5%AF%B6%E4%BA%A4%E9%88%94_-_Nicecasio_05.png（下）https://zh.wikipedia.org/zh-tw/%E4%BA%A4%E9%88%94
P140 Auer, R, G Cornelli and J Frost (2023), "Rise of the Central Bank Digital Currencies", International Journal of Central Banking, forthcoming; central banks' websites. https://view.officeapps.live.com/op/view.aspx?src=https%3A%2F%2Fwww.bis.org%2Fpubl%2Fwork880_updates_jul2023.pptx&wdOrigin=BROWSELINK
P150 AlphaSense, BofA Global Research. https://business.bofa.com/content/dam/flagship/bank-of-america-institute/transformation/back-to-the-usa-rising-tide-of-reshoring-september-2022.pdf
P165 https://papers.ssrn.com/sol3/papers.cfm?abstract_id=3893835
P170 https://zh-yue.wikipedia.org/wiki/File:Moore%27s_Law_over_120_Years.png
P178 https://openai.com/research/gpt-4
P186 BLS, Industry Productivity.
P189 https://upload.wikimedia.org/wikipedia/commons/b/bd/Enigma_%28crittografia%29_-_Museo_scienza_e_tecnologia_Milano.jpg
P191 https://jamanetwork.com/journals/jamainternalmedicine/article-abstract/2804309
P199 https://trends.google.com/trends/explore?q=%2Fm%2F054_cb,%2Fm%2F02qh79,%2Fm%2F07_ny&date=today%205-y#TIMESERIES
P206 Monitoring the Future, analyzed by Jean Twenge. https://nypost.com/2023/06/19/number-of-teens-who-dont-enjoy-life-has-doubled-with-social-media/
P208 eMarketer. https://www.oberlo.com/statistics/average-time-spent-on-social-media
P238 CEIC Data
P245 https://upload.wikimedia.org/wikipedia/commons/c/c0/Eirene_Ploutos_Glyptothek_Munich_219_n4.jpg
P263 CEIC Data
P271 Ipsos World Opinion on Globalization and International Trade in 2021 (25-country survey for the WEF), Goldman Sachs GIR. https://www.goldmansachs.com/intelligence/pages/top-of-mind/de-globalization-ahead/report.pdf
P276 The Kobeissi Letter. https://twitter.com/KobeissiLetter/status/1711782097780719936
P277 https://thezvi.substack.com/p/ai-20-code-interpreter-and-claude
P301 World Bank, World Development Indicators. https://www.rockefellerfoundation.org/wp-content/uploads/2020/12/Modern-Energy-Minimum-Sept30.pdf
P302 Shanghai Macro Strategist. https://twitter.com/ShanghaiMacro/status/1711291278011638161?s=20
P307 Alexander Campbell. https://twitter.com/abcampbell/status/1714690724048810366?s=20
P292 Jordà -Schularick-Taylor Macrohistory Database; Penn World Data (10.0); Peterson Institute for International Economics; World Bank; and IMF staff calculations. https://cepr.org/voxeu/columns/geo-economic-fragmentation-what-it-means-multilateralism

國家圖書館出版品預行編目(CIP)資料

變局中的抉擇/黃志芳, 李牟斯著. -- 初版. -- 臺北市 :
城邦文化事業股份有限公司商業周刊, 2024.01
320面 ; 14.8 × 21公分
ISBN 978-626-7366-45-5(平裝)

1.CST: 國際政治　2.CST: 國際經濟　3.CST: 數位科
技　4.CST: 臺灣經濟

578　　　　　　　　　　　　　112021787

變局中的抉擇

作者	黃志芳、李牟斯
商周集團執行長	郭奕伶
商業周刊出版部	
責任編輯	林雲
封面設計	bert
內頁排版	邱介惠
出版發行	城邦文化事業股份有限公司 商業周刊
地址	115020 台北市南港區昆陽街 16 號 6 樓
	電話：(02)2505-6789　傳真：(02)2503-6399
讀者服務專線	(02)2510-8888
商周集團網站服務信箱	mailbox@bwnet.com.tw
劃撥帳號	50003033
戶名	英屬蓋曼群島商家庭傳媒股份有限公司城邦分公司
網站	www.businessweekly.com.tw
香港發行所	城邦（香港）出版集團有限公司
	香港灣仔駱克道 193 號東超商業中心 1 樓
	電話：(852) 2508-6231　傳真：(852) 2578-9337
	E-mail：hkcite@biznetvigator.com
製版印刷	中原造像股份有限公司
總經銷	聯合發行股份有限公司 電話：(02) 2917-8022
初版 1 刷	2024 年 1 月
初版 8 刷	2024 年 4 月
定價	450 元
ISBN	978-626-7366-45-5（平裝）
EISBN	9786267366479（EPUB）／ 9786267366462（PDF）

藍學堂

學習・奇趣・輕鬆讀